Couvertures supérieure et inférieure
manquantes

7152

CHRONOLOGIE

DES

DOCTEURS EN DROIT CIVIL

DE L'UNIVERSITÉ D'AVIGNON

Laon. — Imp. A. Cortilliot, rue Sérurier, 2[illegible].

CHRONOLOGIE

DES

DOCTEURS EN DROIT CIVIL

DE L'UNIVERSITÉ D'AVIGNON

(1303-1791)

PAR

E. de TEULE.

PARIS

LIBRAIRIE HISTORIQUE DES PROVINCES

ÉMILE LECHEVALIER

39, Quai des Grands-Augustins, 39.

1887

PRÉFACE

Les universités sont rangées parmi les institutions de l'Eglise les plus utiles et les plus fécondes en résultats. Dans la période de la papauté toute puissante, elles ont donné à l'Europe et lui ont assuré pour longtemps, la suprématie de l'intelligence et de la civilisation ; puis, lorsque les peuples se furent éloignés du pouvoir pontifical auquel ils devaient tout, elles restèrent les dernières barrières contre l'erreur et le despotisme de l'orgueil humain. Toutes comptèrent de nombreux ennemis, mais aucune n'eut à lutter plus que celle d'Avignon contre la haine et la violence des sectaires.

M. le docteur Victorin Laval a donné l'histoire de cette université (1). Son magnifique ouvrage où se trouvent réunis les documents les plus précieux, nous initie à l'organisation et à la vie de ce corps illustre ; il met à chaque page sous nos yeux ces bulles mémorables qui établirent sa constitution et lui imprimèrent un caractère particulier de grandeur.

(1) *Cartulaire de l'Université d'Avignon, publié par le docteur Victorin Laval.* — Avignon, *Séguin frères, imprimeurs-éditeurs, 1884.*

Les explications et les commentaires qui accompagnent les textes facilitent l'étude et invitent à pénétrer plus avant dans l'intimité de cette époque de foi dont un abîme semble nous séparer. L'auteur nomme les jurisconsultes et les professeurs de l'université Avignonnaise dont la renommée fut universelle, mais en même temps par l'intérêt de ses indications, il éveille le désir de connaitre quels furent ces autres Docteurs qui, avec une moindre réputation, jouèrent un si grand rôle dans le Comtat au point de vue politique, intellectuel et religieux.

Ces détails ne pouvaient prendre place dans une histoire générale dont ils auraient ralenti le récit, mais ils ne seraient peut-être pas entièrement inutiles dans les recherches d'histoire purement locale.

C'est sans autre prétention qu'est dressé ce catalogue désignant les Docteurs en droit civil reçus chaque année à l'université d'Avignon depuis sa fondation jusqu'à sa suppression.

Les documents conservés dans les bibliothèques et les archives d'Avignon et de Carpentras ont servi à le rédiger ; mais trois manuscrits ont été plus spécialement utilisés : 1° Un manuscrit de 1743, sans nom d'auteur, celui que Fortia d'Urban désigne dans ses divers mémoires sous le titre d' « Histoire manuscrite d'Avignon. » — 2° Un manuscrit de Moreau (Joseph-Nicolas), l'auteur des « Lettres historiques » *publiées en 1768. — 3° Les derniers feuillets, à partir de 1656, d'un manuscrit de Teste (Antoine-Joseph-Augustin), dernier primicier de l'Université.*

Une simple liste nominative serait insuffisante, plusieurs familles ayant pendant une série de siècles fourni des générations de Docteurs. Aussi, pour distinguer ces derniers plus facilement entre eux, on a dû ajouter pour un certain nombre la filiation, les dates de naissance ou de décès, les fonctions qu'ils ont exercées, les écrits qu'ils ont laissés, ou quelque particularité de leur vie.

Le Comtat a dû sa supériorité sur les provinces voisines et sa fortune à ces jurisconsultes, fils de l'université d'Avignon, qui, jusqu'en 1790, ont gouverné la cité, rendu la justice, et qui, dans toutes les circonstances difficiles, se sont dévoués pour leurs concitoyens. Il est juste que leurs noms ne restent pas dans l'oubli et qu'une parole de reconnaissance soit adressée à leur mémoire.

PRÉLIMINAIRES

La ville d'Avignon avait des Écoles publiques avant la fondation de son Université ; leur existence est constatée par des faits énoncés dans un grand nombre d'actes (1). La connaissance des lois conduisant aux dignités et aux fonctions, la jurisprudence y était enseignée avec soin et les professeurs les plus célèbres étaient recherchés.

Les jurisconsultes formés dans ces écoles aux XIIe et XIIIe siècles, prirent une part active au gouvernement de leur pays et préparèrent l'avènement des Docteurs qui continuèrent leurs traditions. On retrouve les noms de quelques-uns dans divers documents ; ils sont reproduits dans ces préliminaires malgré leur petit nombre, en suivant l'ordre des temps où ils sont signalés, mais seulement à partir du milieu du XIIe siècle, les actes antérieurs ne donnant pas des indications assez positives.

La République d'Avignon, fondée de fait en 1154 après la chute du pouvoir Comtal, dura jusqu'en 1251 (2).

Elle fut successivement aristocratique, démocratique, puis, jusqu'à sa chute, régie par un chef militaire.

(1) De l'état ancien de l'instruction publique dans Vaucluse, par Jules Courtet. — Bulletin historique de Vaucluse, 1879.

(2) Recherches historiques sur les Vicomtes d'Avignon, par M. Blégier de Pierregrosse, petit in-4° de 35 pages. (Mémoires de l'Académie de Toulouse).

La municipalité et la République d'Avignon aux XIIe et XIIIe siècles, par Félix Achard. Avignon. — Clément Saint-Just, 1872.

Nous citerons :

DANS LA PREMIÈRE PÉRIODE (1154-1215) (1).

Bermundi (Rostagnus), juge d'Avignon en 1178 et 1195. = En 1178 furent élus consuls : Guironus (Joannes), Prato (Rostagnus de), Raymundi (Humbertus), Fos (Bertrandus de), Ste Michaele (Raymundus de), Bertrandus (Lambertus) et Multonius (Delphinus), qui gardèrent leur charge jusque en 1184. C'est sous leur gouvernement que fut presque entièrement construit le pont Saint-Bénézet, commencé en 1177 et terminé en 1187. = On pourrait, antérieurement à Bermundi, citer quatre jurisconsultes désignés dans une sentence arbitrale rendue en 1146 : Raymond des Angles, Guillaume Rancurel, Guillaume Barrière, Emenon, Pierre de Morers.

Bertrandus (Lambertus), juge d'Avignon en 1185 et 1194. Il est nommé dans l'acte que les consuls et l'évêque d'Avignon dressèrent en 1185 pour régler les droits du pont sur le Rhône (2).

Novis (Albertus ou Audebertus de), juge en 1193 et 1198, consul en 1183, 1190, 1194, 1205. = Les consuls de 1198 étaient : Matheronus (Petrus-Bertrandus), Montiliis (Bertrandus de). Rostagnus (Petrus), Santo Laurentio (Petrus de), Hugo (Guillelmus), Rancurelli (Bertrandus), Rainaldi (Pontius), Maillana (Hugo de). Dans le mois de décembre de cette année, de concert avec Rostaing, évêque d'Avignon, avec le juge Albert de Noves et le conseil de ville, ils déclarèrent les citoyens et habitants d'Avignon francs de toute sorte d'impôts, tant pour leurs personnes que pour leurs biens, denrées et marchandises, descendants ou montants sur le Rhône.

(1) En 1154, les Avignonnais (gens nobles, bourgeois affranchis depuis longtemps, hommes de loi, chefs des corporations des métiers), de concert avec leur évêque Geoffroy, qui conservera quelque temps une influence due à la part qu'il avait eue à l'émancipation des citoyens; organisent le gouvernement consulaire et s'érigent en république souveraine et indépendante de fait. Sous cette nouvelle constitution les consuls et les juges sont élus chaque année ; ils administrent, rendent la justice et défendent la Cité. Ils ne peuvent, sauf des circonstances exceptionnelles, être rappelés avant cinq années à la même fonction, excepté les juges qui peuvent rentrer en charge après un an seulement.

(2) Actum insertum in processu Rhodani : Expedit ut frequentes et assiduas proclamationes eorum qui per pontem Rhodani transeunt.........Etc : Ego Stephanus notarius consulum Aven. hoc instrumentum composui et mandato episcopi et consulum scripsi et sigillavi. Anno domini incarnationis MCLXXXV mense januario.

Elziardi (Elzearus), juge en 1186.

Morerlis (Rostagnus de), juge en 1196, 1199 et plus tard en 1226.

Joannis (Petrus), juge en 1204.

Rostagnus (Lambertus), juge en 1205 et en 1216.

Aldegarius (Isnardus), juge en 1206, 1207, 1210, 1214, 1215, 1221.

DANS LA DEUXIÈME PÉRIODE (1215-1226) (1)

Torquerii (Rostagnus), juge en 1212, 1222, 1228.

Guillermus ou **Willelmus** (Bertrandus), juge en 1212 et 1222.

Bertrandus (Augerius), juge en 1213.

Guilhermy (Pontius) ou **Willelmus** (Pontius), juge en 1215. Il y eut deux juges en 1215 : Aldegarius (Isnardus) et Guilhermy Pontius.

Osa (Jacques de), juge en 1225.

DANS LA TROISIÈME PÉRIODE (1226-1231) (2)

Astuardi (Pontius), juge en 1226 et 1228.

Joannis (Rostagnus), juge en 1229.

Augerius (Guilhermus), juge en 1226.

(1) Les nobles d'une part, et les bourgeois aidés des confréries du peuple d'Avignon de l'autre, qui devaient leur affranchissement à l'action de l'évêque, s'associèrent dès l'origine pour détruire peu à peu le pouvoir de ce dernier. Leur but était presque entièrement atteint en 1215. Mais de suite la discorde se mit entre eux, et le 27 février de cette année, à raison de quelques impôts que les nobles voulaient faire payer par les bourgeois, la guerre civile faillit éclater; tout fut heureusement terminé par l'intervention de Guillaume, évêque d'Avignon et de Bermond, archevêque d'Aix, que les partis avaient choisis comme arbitres. Le résultat fut pour la noblesse la perte de presque toute son autorité.
En 1216, par acte public, la république d'Avignon se déclare souveraine. Elle fait parler ses consuls en qualité de souverains et ordonne que les notaires dateraient leurs contrats de leur règne.

(2) La république d'Avignon devenue démocratie turbulente, attaquée par les confréries des artisans, sociétés secrètes de l'époque, affaiblie par les guerres civiles, tomba aux mains d'un chef militaire, le podestat. Cette nouvelle forme de gouvernement fut proclamée le 5 février 1226. Spino de Surrexina fut le premier podestat, Astuardi (Pontius) fut désigné comme juge.

Le gouvernement des podestats fut de courte durée. Par le traité du 10 mars 1251, la ville d'Avignon se donna aux deux frères de St-Louis, Charles d'Anjou et Alphonse. A partir de cette époque on ne trouve plus de noms de juges dans les anciens documents.

L'étude des lois ne fut pas moins florissante sous le régime nouveau et le nombre des écoliers ne fit que s'accroître. Les statuts de la ville, en tout ce qui ne touchait pas à la suprématie politique avaient été conservés ; l'un des principaux articles consacrait encore la liberté absolue de l'enseignement :

» De studio faciendo in civitate.

» Item statuimus, ad conservandam libertatem civitatis, quod » quilibet possit libere in hàc civitate regere et tenere scolas artis » grammaticæ; et si aliqua persona ausu temerario contra hoc statu- » tum venire contempserit seu temptaverit, vel aliquid machina- » verit arbitrio curiæ puniatur. » Paragraphe 153 des statuts de 1243 (1).

On cite parmi les professeurs de cette époque : Pierre de Belleperche, *Petrus de Bellapertica*, le plus grand jurisconsulte de son siècle. Il enseigna le droit à Avignon en 1301. Nommé à l'évêché d'Auxerre à la recommandation de Philippe-le-Bel, il devint chancelier du roi de France et doyen de l'Université de Paris. Ses œuvres ont été imprimées en 1571 à Francfort-sur-le-Mein.

L'École d'Avignon déjà si illustre avait une plus haute destinée. Dans la lutte de la royauté française contre la papauté, elle devait être la gardienne et la sentinelle avancée par-delà les monts de la foi romaine. Réfugié à Agnani, Boniface VIII la constitua en Université avec pouvoir de conférer le Doctorat :

» En vertu de l'autorité apostolique et sans avoir besoin d'aucune » autre approbation, les Docteurs ont plein et libre pouvoir de lire » et enseigner par tout le monde avec censure contre les perturba- » teurs. »

Bulle de Boniface VIII du 1er juillet 1303.

(1) Coutumes et réglements de la république d'Avignon au XIIIe siècle, par M.A.R. de Maulde. Paris, L. Larose. 1879.

CHRONOLOGIE

DES

DOCTEURS EN DROIT CIVIL

DE L'UNIVERSITÉ D'AVIGNON

depuis sa fondation en 1303 jusqu'à sa suppression en 1791.

Par sa bulle datée d'Agnani, du 1er juillet 1303, le pape Boniface VIII érigea l'université d'Avignon et la composa de trois facultés, droit canonique et civil, médecine et arts libéraux.

1303 (1)

Chateauneuf (Guillaume de), *miles*.

Cabassole (Jean de); son oncle, Philippe de Cabassole fut l'ami de Pétrarque.

Montonius (Bertrand).

Sade (Jean de), *de Sazo*, *de Sado*, *de Sadone* ou *de Sauze*.

Montiliis (Bertrand de), d'Avignon, *miles*.

Vaubonne (Bernard de), d'Avignon, *decretorum doctor*. Il fut député avec Bertrand de Montiliis, vers Charles II, roi de Naples et seigneur temporel d'Avignon; ils sollicitèrent et obtinrent la charte du 5 mai 1304, qui donne de nombreux privilèges aux écoliers de l'université.

Ces docteurs sont cités sur tous les manuscrits comme les six premiers de l'Université d'Avignon.

Les registres des gradués manquant entièrement de 1303 à 1383, on a cru devoir combler en partie cette lacune en recueillant dans les documents de l'époque les noms des docteurs qui y sont désignés à divers titres, et en les citant

(1) Les docteurs sont classés suivant l'ordre des années de réception au doctorat.

dans l'ordre des pontificats sous lesquels ces docteurs se sont signalés.

Ces noms sont imprimés en caractères différents pour qu'ils soient distingués de ceux du Catalogue pour lesquels l'année de réception au doctorat est indiquée avec précision.

CLÉMENT V

(Elu le 5 Juin 1305, mort le 20 Avril 1314.)

Maynier (François), fils de Sylvestre, famille originaire de Manosque ; fut primicier en 1306. Au mois de mars 1309, il harangua Clément V à son entrée dans Avignon, et il logea dans sa maison le cardinal Aubertin de Prato et ses équipages.

Dupré (Pierre), *de Prato, de Pratis*, né à Montpezat, près de Cahors. — Reçu docteur à Avignon en 1310. — Evêque de Riez en 1317, archevêque d'Aix en 1319, promu cardinal en 1320 par Jean XXII. Mort de la peste à Avignon en mai 1361. (Baluze).

Pierregrosse (Louis de), jurisconsulte d'Avignon, choisi pour assigner les logements du Pape qui arriva à Avignon le 2 octobre 1316.

Testoro (Pierre), fameux docteur en droit canon ; fut en 1317, commissaire informateur contre l'évêque de Cahors, Hugues Géraud.

JEAN XXII

(Elu le Samedi 7 Août 1316, mort le 4 Décembre 1334.)

Audiberti (Raymundus), était docteur-ès-loix en 1322, fut assesseur en 1331.

Populo (Barthélemy de), *jurisperitus*, juge en 1326.

Bertrand (Pierre), dit l'Ancien, natif d'Annonay ; promu cardinal du titre de St-Clément par Jean XXII en décembre 1332, mort à Montaut le 24 juin 1349. « Homme d'un immense » mérite, jurisconsulte éminent, docteur en droit canon et civil, successivement recteur des Universités d'Avignon, de Montpellier, d'Orléans, de » Paris ; conseiller du roi à la grande » chambre du Parlement, membre du » conseil privé du roi, chancelier de » Jeanne de Bourgogne, reine de » France ; il fut une des lumières de » la cour du roi Philippe de Valois » avant qu'il eût été revêtu de la dignité de cardinal par le pape » Jean XXII dans une promotion spéciale, et fut devenu désormais une » des lumières de la cour pontificale. Il » avait été aussi évêque de Nevers et » puis évêque d'Autun. C'est pendant » qu'il avait ce dernier titre qu'il fut » choisi, en 1329, par le roi Philippe » de Valois, comme commissaire sur » la grande question qui s'agitait alors » de la juridiction du Parlement à » l'égard de la personne et des biens » ecclésiastiques. Il amena le roi à se » prononcer en faveur de la juridiction » ecclésiastique, ce qui valut à celui-ci » le titre de roi très-catholique. » (Le prieuré de Montaut, par Sagnier ; *Bulletin historique de Vaucluse*, 2e année).

Gappo (Jacques de), en 1332, juge de la curie avignonnaise.

En 1317, Jean XXII fit publier, sous le nom de Clémentines, les décrets du Concile de Vienne que Clément V, son prédécesseur, avait augmentés, mis en ordre et présentés aux cardinaux dans un Consistoire tenu à Monteux, et il ordonna par une Bulle qu'il adressa à l'Université d'Avignon qu'on les enseignât et qu'elles eussent force de loix. (Histoire des Souverains pontifes qui ont siégé dans Avignon, par Teyssier. MDCCLXXIV, *Avignon.*)

BENOIT XII

(Elu le 20 Décembre 1335, mort le 25 Avril 1342).

Marculpho (Petrus), *miles, legum professor ;* fut assesseur en 1337. (1)

Fortis (Joannes), juge de Saint-Pierre en 1342.

CLÉMENT VI

(Elu le 9 Mai 1342, mort le 6 Décembre 1352).

Gaufridi (Jacobus) ; assesseur en 1345.

Roati (Guillelmus) ; assesseur en 1346.

Carlo (Franciscus de) ; assesseur en 1350 et 1351.

Le 9 Juin 1348, Clément VI achète à la reine Jeanne la ville d'Avignon, qui depuis longtemps ne faisait plus partie du reste de la Provence. Les papes étaient devenus souverains du Comtat Venaissin 120 ans auparavant.

INNOCENT VI

(Elu le 18 Décembre 1352, mort le 12 Septembre 1362).

Aubert (Etienne), docteur en droit de l'Université d'Avignon où il exerça pendant plusieurs années la profession d'avocat : Cardinal en 1342. Pape sous le nom d'Innocent VI.

Rascas (Bernard de), né à Limoges : chevalier et docteur aux droits de l'Université d'Avignon ; parent des papes Clément VI et Innocent VI. « En 1354, » Avignon reçut des marques éclatantes » de la pieuse générosité de deux » respectables époux ses citoyens. » Bernard Rascas et Louise Gros, sa » femme, établirent un hôpital pour » les pauvres malades. Ils firent bâtir » un somptueux édifice pour les loger » commodément, et un couvent pour » des religieux qui devaient leur administrer les sacrements. Ils assignèrent » des fonds suffisants pour les uns et » pour les autres, ils dédièrent l'hôpital » à Sainte-Marthe et consacrèrent le » couvent à la Trinité. Rascas commit » le régime du premier à des Recteurs » que le Conseil de ville choisirait » toutes les années, et nomma des » Mathurins, qui du titre de leur Eglise » s'appelèrent trinitaires, pour occuper » le couvent. Les loix que son fondateur prescrivit sont une preuve de sa » sagesse, et, par leur exacte observance, cette œuvre s'est soutenue » sans relâche dans l'état que souhaitait son fondateur. — Rascas fut exécuteur testamentaire du cardinal » Aldouin Aubert. » (Teyssier).

Segureto (Petrus de) ; assesseur en 1356, 1357, 1366, 1368, 1375.

Caponibus (Joannes de), *doctor legum ;* assesseur en 1378, 1388.

Rodulphi (Petrus), *doctor legum ;* assesseur en 1378, 1380, 1385.

Calverius (Ludovicus), assesseur en 1379, 1382.

(1) Essai sur les institutions judiciaires, politiques et municipales d'Avignon et du Comté-Venaissin sous les papes, par M. Victor Feudon. Nîmes, 1876.

L'assesseur des consuls était le conseiller juridique de la ville, il avait plus spécialement le gouvernement de la police, et il portait la parole au nom de la ville dans toutes les Assemblées communales. Il était toujours choisi parmi les docteurs de l'Université d'Avignon.

URBAIN V

(Elu le 27 Septembre 1362, mort le 19 Décembre 1370).

Grimoard de Grisac (Guillaume de), reçut son grade de docteur dans l'université d'Avignon, y professa plusieurs années. Elu pape sous le nom d'Urbain V, le 27 Septembre 1362.

Blanqui (Hugo), *jurisperitus*, juge en 1362.

Brogniac (Jean de), *Brognier, Brogny*, connu sous le nom de cardinal de Viviers ; né en 1342 en Savoie ; reçu docteur à Avignon en 1370 ; évêque de Viviers en 1380 ; cardinal en 1385 ; mort le 26 février 1426.

Par une bulle de Juillet 1366, Urbain V accorde aux écoliers de l'université d'Avignon la faculté de percevoir les fruits de leurs bénéfices et d'en jouir tout le temps qu'ils étudieront à Avignon, pourvu qu'ils ne soient pas prêtres.

Dans une bulle du mois d'avril 1367, Urbain V déclare que l'élection du primicier de l'université appartient aux docteurs *de collegio* et non aux écoliers. (1)

GRÉGOIRE XI

(Elu le 31 Décembre 1370, mort le 27 mars 1378).

Tegrini (Henriquettus), *legum doctor*, assesseur en 1392.

Cario (Joannes de), *Cayres, legum doctor*; assesseur en 1372, 1376, 1389, 1404.

Estini (Raymundus), *legum doctor* ; assesseur en 1373 et 1386.

Bellamera ou **Bellemère** (Gilles de), mort en 1409 ; professeur à l'université d'Avignon en 1374 ; auditeur de la rote de cette ville, puis de celle de Rome ; fut successivement évêque d'Avignon, de Lavaur et de Puy-en-Velay. Ses ouvrages, 8 vol. in-fol., furent imprimés à Lyon en 1549. (2)

(1) Consulter : François de Ribiers. Epitome privilegiorum graduatorum universitatis Avenionensis. 1710, Avenione.
André Valadier : De antiquâ et veteri acadamiâ Avenionensium.
Léon Bardinet : Universitatis Avenionensis historica adumbratio. Thèse pour le doctorat ès-lettres, imprimée à Limoges, 1880.
Dictionnaire historique, biographique et bibliographique du département de Vaucluse, par C.-F.-H. Barjavel. d. m. Carpentras. Devillario, éditeur, 1840.
Les bâtiments de l'ancienne université d'Avignon, par le Dr V. Laval. (Bulletin historique de Vaucluse, 2e année.)
L'archevêque d'Avignon était chancelier-né de l'Université. Les examens pour l'obtention des grades avaient lieu en sa présence.
Le primicier ou recteur, élu tous les ans par les agrégés et toujours pris dans la Faculté de droit, occupait la première charge dans l'Université. Il jugeait tous les différends survenus entre les écoliers et les docteurs.
Dans le conseil de ville on ne pouvait délibérer sur les affaires majeures qu'en sa présence et après qu'il avait donné son avis.
Le primicériat était un titre primordial de noblesse transmissible aux descendants. Ce privilège fut restreint en 1788 par Pie VI qui prescrivit que pour faire souche de noblesse, il faudrait avoir été deux fois primicier ou avoir eu son père revêtu deux fois de cette charge. Cette noblesse était admise non seulement à Avignon, mais en France et à l'étranger, pour tous les corps et pour l'ordre de Malte.
Les docteurs agrégés formaient un collège dont les décisions étaient souveraines dans tout ce qui touchait l'université, et auxquelles le primicier était obligé de se soumettre. C'est parmi les agrégés seuls qu'était pris le primicier ; les professeurs étaient ordinairement choisis parmi eux.
Le doctorat suffisait dans le Comtat et à Avignon, pour anoblir non seulement le titulaire, mais encore ses descendants, pourvu que son fils eut également obtenu ce titre.

(2) Plusieurs autres professeurs illustres enseignèrent le droit à Avignon dans le 14e siècle. On peut citer Oldrade, Barthole, P. Balde de Ubaldis.

Bertrandi (Raymundus), *legum doctor* ; assesseur en 1374.

Par une bulle d'octobre 1376, Grégoire XI ordonne que toutes causes entre laïcs, docteurs et écoliers, seront jugées par les docteurs de l'Université.

Nessonis (Antonius), *legum doctor* ; assesseur en 1401, 1410, 1412, 1429, 1432.

Après le départ de Grégoire XI d'Avignon, le 13 Septembre 1376, Avignon cessa d'être le siège de la papauté, après l'avoir possédée 67 ans 8 mois et 3 jours.

Après ces indications complémentaires qui comprennent à peu près toute la période du séjour des papes à Avignon, est continué le catalogue qui donne sans interruption, jusqu'à la suppression de l'Université, les noms des docteurs reçus chaque année.

Il n'y eut pas de promotion au doctorat dans les années qui ne sont pas inscrites.

1383

Amanatis (Boniface de).

Aramon (Jean de).

Rognes (Jacques de).

Cruvelerius (Robert) ; sacristain de St-Flour ; abbé de Villemagne. (L'abbaye de Villemagne, diocèse de Béziers, ordre de Saint-Benoît, fut fondée en 817 par l'empereur Louis le Pieux.)

Broglie (Gérard de).

Esgallo (Elie de).

Raphaelis (Bertrand).

1385

Castro (Paul de), *Paulus Castrensis*, né à Castro, royaume de Naples ; reçu docteur en 1385 ; professa 8 ans à Avignon, puis à Padoue ; mort en 1439. En 1375 il fut élève du célèbre Balde, et on disait : « Si Bartolus non esset, esset Paulus. » Cujas disait : « Qui non habet Paulum de Castro, tunicam vendat et emat. »

1388

Tegrini (Georgius), *legum doctor* ; assesseur en 1409.

1389

Piqueti (Louis).

1391

Respondi (Andreas) ; assesseur en 1412.

1394

Bonis (Petrus) ; assesseur en 1415.

1395

Broglio (Joannes de) ; assesseur en 1416.

Peregrini (Jacobus) ; assesseur en 1414.

1397

Benedicti (Guillaume) ; assesseur en 1408.

1398

Sainte-Croix (Pierre de) ; primicier en 1424 ; assesseur en 1407, 1413, 1421, 1424, 1427.

Petri (Reginald), de Pérouse (Etats de l'Église) ; assesseur en 1440.

Cario (François de). Le 14 octobre 1411, les Avignonnais faisant la guerre contre les Catalans, François de Cario fut arrêté par ses concitoyens, parce que, disait-on, il voulait trahir la ville, faire crier : « Vive le Pape Benoît XIII ! » abolir les gabelles et faire mourir plusieurs personnes. On lui fit son procès et il fut condamné à être décapité. L'exécution s'en fit le 26 novembre et son corps mis en quatre quartiers qui furent placés, savoir : Le bras droit sur la porte Saint-Lazare, le gauche à la porte St-Michel, la jambe droite à la porte Limber et la gauche à celle de St-Roc. Sa tête fut mise sur un pieu à la place St-Didier, et ses entrailles dans un panier à la place St-Pierre. Le 27 février 1412 on fit ramasser les quatre quartiers, on les ensevelit honorablement dans l'église des Carmes. Tout son bien confisqué fut restitué à ses enfants. On brûla publiquement à la place St-Pierre par les mains du bourreau les procédures faites contre lui et on fit publier à son de trompe que c'était la sentence rendue par le S. Collège des cardinaux.

Rodulphi (Pierre), de Seguret, ancien diocèse de Vaison.

Tronchin (Antoine) ou *Ratronchin*

1399

Ferratis (Stephanus de), *legum doctor ;* assesseur en 1420.

1400

Rosergio, docteur de l'université d'Avignon, fut choisi en 1427 par le cardinal de Foix pour le suivre à la cour d'Alphonse, roi d'Aragon.

1401

Ruffy (Joannes), *legum doctor ;* assesseur en 1425.

Rolandi (Rodulphe), fut avec Rosergio choisi en 1427 par le cardinal de Foix, pour le suivre à la cour d'Alphonse, roi d'Aragon.

1402

Chavati (Julien), auditeur du sacré palais.

Columbi (Simon).

Ermengaldi (Manfred).

Sade (Pierre de).

Pone (François de).

Ruplon (Jean).

Renoardis (Jean de).

Sade (Paul de) ; évêque de Marseille en 1404, y mourut le 28 février 1433.

Panicerlis (Antoine de).

Sade (Jean de), premier président du Tribunal d'Aix le 25 octobre 1415, sous Louis II d'Anjou.

Girberti (Bernard), correcteur bulles.

Salucces (Pierre de).

1403

Rancurelli (Boniface) ; assesseur en 1435 et 1442.

1404

Nirli (Florensius) ; assesseur en 1438.

1405

Filheti (Jean), évêque d'Apt).

Guirani (Louis).

Chorniaci (Julien).

Caprioli (Etienne), fut assesseur.

Galberti (Ferrier) ; prévot de St-Didier.

Bertrand, abbé de Salvio. (L'abbaye de la Sauve, diocèse de Nimes, ordre de St-Benoit, fut fondée en 1029 par Garsinde, femme de Pons, comte de Toulouse).

Bernard, abbé de Bagnols, diocèse de Gironne en Catalogne.

Guischard (Barthelemy).

Gondissalvi (Louis).

Cottin (Pierre), évêque de Montauban.

Bulle de septembre 1413 de Jean XXIII introduisant dans l'université d'Avignon une chaire de théologie.

Bulle des ides de septembre 1413 de Jean XXIII qui défend de citer en jugement aucun docteur ou écolier de l'université d'Avignon, hors la ville, pour quelle cause que ce soit, civile ou criminelle.

Bulle du 5 des ides de septembre 1413 de Jean XXIII qui exempte l'université, les docteurs, les licenciés et les étudiants des impôts de la ville.

1420

Ravanelli (Guillaume), fut professeur en 1434.

1421

Cassagnes (François de), *Cassanbis*, fut primicier en 1442, 1443 et 1446.

1425

Cazenauve (François).

Genasio (Hugues de) ; né à Avignon ; prévôt de Valence ; auditeur de S. Palais ; institué vice-gérent pour la vie, le 7 mars 1413, lors de l'érection du Tribunal, dont il fut le premier vice-gérent.

Virron (Antoine), primicier en 1433.

Trinquerii (Pons), assesseur en 1430, 1431, 1437, professeur en 1442.

Ricii (Jourdain), *Bricii*, chevalier, primicier en 1440 ; assesseur en 1441 et 1452.

Ravanelli (Boniface) ; fut professeur en 1443 et primicier en 1431, 1435, 1445.

Isnard (Jean) ou **Isoard** (Jean), docteur de l'université d'Aix (cette université fut fondée en 1413 par Louis II, comte de Provence) ; fut primicier en 1444 ; il fonda le collége de St-Michel.

Chauval (Gérard), *Caballi*, *Chavalli*; primicier en 1430.

Astier (Pierre).

Sornardi (Pierre), *Somardi* ; primicier en 1432.

Putatoris (Jean).

Montbéraud (Michel de).

1426

Merles (Georges de), professeur en 1447.

Giron, professeur en 1447.

Fabry (Jean), assesseur en 1445 et 1455.

1428

Marsolis, professeur en 1447.

1432

Guilhoty (Jacques), *Villioti*, natif d'Orléans ; primicier en 1434, 1447, 1455 ; assesseur en 1436.

Frassengis (Louis de), doyen de St-Pierre ; primicier en 1436.

1434

Payer (Jean), promu à l'évêché d'Orange le 13 septembre 1454, mort à Avignon en 1466 ; fut primicier en 1437, 1453 et 1459.

Guichoni (Robert), du diocèse de Viviers.

Fondora (Guillaume de), primicier en 1441.

1435

Costoria (Philippe de), *Cosseria* ; fut assesseur en 1448 et primicier en 1443 et 1451.

Tourrètes (Georges de), *Turella* ; assesseur en 1447 et 1451.

Amalorthy (Antoine), *Amelothy* ; fut professeur en 1444 ; primicier en 1454 et assesseur en 1433, 1439, 1443, 1453, 1457 et 1461.

Thomé (Pierre), doyen de Cluny. (Les Bénédictins de la Congrégation de Cluny furent établis à Avignon vers l'an 1380 par le cardinal Pierre de Crose).

1436

Blanchier (Jean).

Sade (Pons de) ; évêque de Vaison de 1445 à 1469 ; primicier en 1439, 1448 et 1468.

1437

Godelin (Reginald).

1438

Cario (Paul de), *Cayres* ; né à Pernes ou à Avignon, fils de François Cario et de Catherine de Sade ; évêque de Vence en 1415 ; évêque de Glandèves en 1420. Il professa à l'université d'Avignon dont il fut primicier en 1438. Il défendit Eugène IV pendant la tenue du concile de Bâle.

1445

Damianis (Robert de).

1447

Lastessuty (Antoine) ; fut assesseur en 1458, 1463, 1465, 1468, 1471.

Bonadona (Joannes de), chevalier ; fut viguier de Verceil (Piémont) en 1460.

1448

Premaco (François de), primicier en 1448.

Astouaud (Louis).

Balby (Louis), *Balthy* ; fut assesseur en 1446, 1449, 1450.

Talon (Raymond), originaire d'Apt ; D. U. J., primicier en 1450 ; fut évêque de Sisteron.

1449

Sansarco (Arnaud Guillaume de), fut primicier en 1449 et 1457.

1450

Tourette (Jean de), *Turella* ou *Touricelle* ; primicier en 1452.

1451

Aurelianis (Jacobus de), professeur en 1461.

Farotis (Louis de), primicier en 1464 et 1466.

1452

Ambrosiis (Gabriel de), assesseur en 1462 et 1464.

1453

Arnaudus (Guillelmus), professeur en 1461.

Rayer (Guillaume), primicier en 1471.

1455

Hauteville (Pierre d'), *Surville, de Supravilla* ; D. U. J., professeur de droit civil et canonique à l'université d'Avignon où il fut primicier en 1458. Il fut évêque d'Orange en 1476. Mort le 14 septembre 1477.

Faventy (Jean).

Urini (Jean).

Pagiis (Accurse de).

Bourbon (Reginald de) ; frère naturel du prince duc de Bourbon.

Bottin (Christophe), de Gap ; professeur en 1461 ; primicier en 1461, 1467, 1469, 1473 ; fut assesseur en 1454. Ses deux fils Nicolas et Louis, furent matriculés en 1473.

Garrons (Georges des), *Garronis*, de *Garronibus* ; fut primicier en 1460 et 1470. On trouve l'un de ses fils, Pierre, bachelier en 1495.

Scuteri (Jean-Pierre), primicier en 1456.

Nobletti (Olivier).

1456

Bursassi (Thomas), assesseur en 1467.

1457

Spiefani (Balthazar), assesseur en 1466.

Merulis (Dragonetus de), assesseur en 1469 et 1472.

1458

Maynier (Guillaume), né à Avignon en 1425, mort dans la même ville le 9 mai 1502 ; famille originaire de Manosque. Guillaum

e

Maynier, seigneur d'Oppède, fut assesseur en 1456 ; primicier en 1462. 1481, 1482, 1486, 1490, 1492 et 1501. = *Gulielmi Maynerii, doctoris in utroque jure commentaria. Lyon*, Antoine Vincent, 1545, in-f. On trouve un Pierre Maynier du diocèse de Béziers, bachelier en 1459.

Roland (Antoine). On trouve Roland (Jean), fils d'Antoine, matriculé en 1498.

Leissonia (Pierre de).

1459

Damianis (Mathieu de), professeur en 1461, primicier en 1465.

Gaudius (Clusanus), de Draguignan ; archidiacre de Glandèves.

Caseneuve (Jean de), *Cassaneis*, fils de Jean ; fut assesseur en 1460, 1484 ; primicier en 1480.

1460

Merles (Louis de), *Meruli, de Merulis, de Merulâ* ; né à Avignon, fils de Dragonet ; famille originaire du Buis (Dauphiné) ; Louis de Merles, seigneur de Beauchamp, diocèse de Carpentras, fut primicier en 1463, 1475, 1484, 1494, 1498 et 1503.

Gervasi (Philippe), né à Nimes ; agrégé ; D. U. J., primicier en 1462 ; auditeur du cardinal-légat Pierre de Foix.

Bertrand (Etienne) ; né en 1434 à St-Chef (Dauphiné), mort en 1516, avocat célèbre ; jurisconsulte appelé par les contemporains « consultor veritatis, advocatus insignis. » Ses œuvres, 8 vol. de consultations ont été imprimées en 1603 à Francfort-s.-le-Mein (Barjavel).

1461

Riclis (Guillermus de), assesseur en 1470 et 1473.

Thomassis (Laurentius), assesseur en 1475 et 1481.

1462

Guilloty (Accurse), assesseur en 1476.

1464

Favet (Louis de), archidiacre de Cavaillon.

1465

Carlo (Joannes de), assesseur en 1477.

1467

Tullia (Pierre de), né à Avignon. On trouve Pierre de Tullia, chanoine, matriculé en 1544.

Huet (Antoine), primicier en 1472 ; assesseur en 1484.

1468

Casalet (Jean), de Nimes ; abbé de Sénanques. (L'abbaye de Sénanques, ancien diocèse de Cavaillon, de l'ordre de Citeaux, fut fondée en 1148). Jean Casalet fonda en 1496 à Avignon le collège de Senanque.

1469

Serachano (Gaspard de), assesseur en 1478.

1470

Guichard (Pierre), de Vico, diocèse de Clermont (aujourd'hui Vicq-le-Comte) ; chanoine de Vico ; vice-gérent.

Rayer (Guillaume), de l'ordre de St-Benoît ; primicier en 1477.

1471

Merulis (Manfredus) ; assesseur en 1480.

1473

Boutin (Roderic), d'Avignon ; fils de Christophe, primicier en 1474.

1474

Roy (Guillaume), d'Arles.

Tartully (Etienne), de Béziers ; assesseur en 1502.

1476

Michaelis (Amédée) ; famille originaire de Pernes ; primicier en 1476 et 1485 ; régent du Comtat-Venaissin en 1485 et 1486.

1479

Girards (Dragonet des), *Gerards, Gerards d'Aubres,* né à Avignon ; professeur en 1485 ; primicier en 1478, 1496, 1502, 1511, 1523.

1480

Astasio (Jacques) ; primicier en 1479 et 1483.

1431

Parpailho (Balthazar) ; assesseur en 1486.

Rocella (Guillermus de) ; assesseur en 1487.

1482

Maynier (Accurse), né à Avignon en 1450, fils de Guillaume ; marié avec Magdeleine de Merles ; assesseur en 1479 ; juge-mage à Aix ; président unique au parlement d'Aix en 1507 ; nommé en 1509 troisième président au parlement de Toulouse où il mourut en 1536.

1484

Panisse (Agricol), *de Panissia* ; famille originaire de Lucques ; né à Avignon, fils de Jacques et d'Agulse de Pazzis ; évêque d'Apt le 8 juillet 1482, mort à Apt le 5 février 1490. Fut primicier en 1488.

1485

Montalto (Gaspardus de) ; assesseur en 1489.

Lastessuty (Pontius).

1486

Saint-Sixte (Michel de), de Genève ; assesseur en 1490, 1494, 1500.

1487

Riccy (Guillaume). Procureur fiscal.

1488

Fogassiis (Gabriel de) ; assesseur en 1491, 1501, 1509.

Focardi (Joannes), assesseur en 1493.

1490

Riclis (Stephanus), assesseur en 1495.

Frayssinlis (Stephanus de) ; assesseur en 1496.

1491

Merles (François de), fils de Louis ; primicier en 1514 et en 1520 ; assesseur en 1492, 1512, 1531 ; conseiller au présidial de Nimes.

1492

Razaudy (Nicolas) ; assesseur en 1504.

Demaresiis (Richardus) ; assesseur en 1505.

1493

Marie (Jean), assesseur en 1498.

Garrons (Jean des), né à Avignon, fils de Georges. Il avait étudié le droit en 1482 à Turin, sous Jacques de Saint-Georges. Il professa à l'université d'Avignon dont il fut primicier en 1495, 1507, 1512. Il fut auditeur de rote et assesseur en 1488 et 1511. Il fut enseveli dans l'Eglise des Cordeliers d'Avignon.

Roland (Nicolas), d'Avignon ; fils d'Antoine, fut assesseur en 1497.

Roland (Olivier), d'Avignon, fils d'Antoine, fut assesseur en 1513 et 1518.

1494

Merles (Balthazar de), fils de Dragonet.

1495

Ruspo (Hugolin de), d'Avignon.

1496

Coreis (Louis de), *Choreis*, chanoine de Marseille : fut vice-gérent.

Baudony (Pierre), doyen de St-Pierre.

Roure (Clément du) ou **Rovère** (Clément de la), neveu du pape Jules II ; évêque de Mende ; cardinal.

1497

Merles (Nicolas de).

1498

Renoardy (Pierre), de Thoranne, ancien diocèse de Senez.

1499

Fraxinis (Theobaldus de), assesseur en 1510.

1500

Alberti (Pierre), assesseur en 1503, 1508, 1516, 1524.

1501

Valserre (Charles), de Toulon.

Roland (Etienne), d'Avignon, fils d'Antoine.

1502

Panisse (Jean), primicier en 1505 ; viguier perpétuel d'Avignon depuis 1520 jusqu'à sa mort, le 20 octobre 1544.

Parpaille (Périnet), primicier

en 1513 ; assesseur en 1506 et 1520.

Guilhot (Jacques).

Pichoni (Robert).

1503

Petra (Pierre de).

Castro (Antoine de), professeur à l'Université d'Avignon en 1520 ; fut primicier en 1508 ; vice-gérent en 1522 et en 1541 ; vicaire-général de l'archevêque d'Avignon ; auditeur de la Chambre.

Parisi (Etienne).

Vaysoni (Honoré).

Roland (Nicolas).

Girards (Guillaume des).

1504

Hortiguo (Jean de).

1505

Isnardi (Gaucherius), assesseur en 1514.

Andricy (Raymundus), assesseur en 1515.

1506

Cabassole (Joannes), assesseur en 1517.

1507

Meruli (Poncetus), assesseur en 1521.

Dorgoni (Antonius), assesseur en 1525.

1508

Taulery (Jacobus).

Ripa (Joannes de).

1513

Saurin (Boniface).

Pelegrin (Jean), d'Avignon.

Acuto (Jean de), trésorier de la Ste-Eglise d'Avignon.

1515

Arles (Hugues de).

Milletty (Pierre).

Milletty (Charles), de Genève, fils de Pierre.

Thoulier (Jacques).

Langeac (Jean de), fut gouverneur général d'Avignon.

1516

Cornillano (Girard de), recteur du Comtat.

Boutin (Jacques).

1518

Ripa (de) ; fut professeur en droit extraordinaire avec André Alciat.

1519

Chapuce (Antoine).

Girards (Pierre des), fils de Dragonet, fut assesseur en 1523 et primicier en 1528, 1540, 1545 et 1549.

Claroti (Jacques), assesseur en 1522 et primicier en 1534.

Porreti (Mathieu).

1520

Cambi (Antoine), assesseur en 1532.

Calati (Robert).

Carnon (Jean).

Sade (Joachim de), seigneur de Mazan, ancien diocèse de Carpentras.

Maynier (Jean), né à Aix le 10 septembre 1495, fils d'Accurse; marié avec Anne Laval de Castellane, mort en 1558 ne laissant que deux filles. Premier président du parlement de Provence en 1543, il se signala par ses rigueurs contre les Vaudois de Cabrières et de Mérindol. Il fut poursuivi à l'avènement de Henri II et acquitté. Il avait été assesseur d'Avignon en 1519. — Ses manuscrits se trouvent à la bibliothèque de Carpentras.

Frasqueti (Jérôme de).

Frasqueti (Yvon de).

Breton (Louis).

1521

Guy (Gabriel de).

1522

Malvani (Jean de).

Molerieux (Guillaume).

Valne (Robert).

Rossati (Claude).

Morelli (Henry).

Isnard (Clément).

Guilloti (Gaspard).

Bonavet (Simon).

Bonavet (Jacques).

Chalan (Mathieu).

Charbonnier (Pierre).

1523

Mareschal (Jean).

Saint-Notoire (Antoine de).

Meruli (Jérôme), d'Avignon, fils de François; assesseur en 1526 et en 1535.

Garrons (Boniface des), né à Avignon, fils de Jean, mort en 1565. Fut primicier en 1534 et en 1564.

Parisi (Antoine), né à Avignon, fils d'Etienne; agrégé; assesseur en 1540.

Fauchier (Jean).

Fauchier (Etienne).

1524

Lopes (Jean), agrégé; assesseur en 1547.

Montagne (Jean).

Mengaud (Nicolas).

Ruffi (Jean de).

Moreli (Pierre).

Jacquelli (Hugues).

1525

Amabachus (Boniface).

Loup (Benigne de).

Lancelot (Pierre).

Naoti (Jean).

Franciis (François de), d'Avignon.

1526

Guilhenni (Guillaume),

Forlivio (Pierre de), agrégé. Câpiscol de la Ste-Eglise.

Rogier (Jean-Louis).

Fabri (Georges).

Rapet (Mathieu).

1527

Avènes (Pierre des).

Orsel (Jean d'), *de Ursulio*, recteur du collège St-Martial.

Castillon (Léonard de).

Tartulle (Nicolas), d'Avignon, fils d'Etienne, fut assesseur en 1541.

1528

Auriac (Sixte d').

Archeti (Sébastien).

Garentia (Nicolas), dit *de Sobirats*, d'Avignon.

Polly (Guillaume).

Barruel (Jean).

Parrel (Jacques).

Ricci (Pierre), d'Avignon.

Gay (Antoine de), *Cay, Gaïus, Caïus*,, né au Pertuis, diocèse d'Aix, fils de Jean et de Jeanne de Sabran, nièce de St-Elzear. Il fut reçu docteur le 21 novembre ; assesseur en 1539, 1547 ; conseiller au parlement d'Orange ; professeur à l'université d'Avignon dont il fut primicier en 1565. — *De substitutionibus; additions aux institutions d'Aretin.*

Figelli (Georges).

1529

Petiti (Jean).

Puget (Jean de).

Chanaialles (Gui de).

Morelli (Balthazar).

Fougasse (Manauld), *Fogasse, de Fogassia*, fils de Gabriel et de Marguerite Berton des Balbes ; fut assesseur en 1530, 1542 et 1550. Son fils Thomas, protonotaire apostolique, aumônier de Charles IX, maître des requêtes de l'hôtel d'Antoine de Bourbon, est auteur d'une histoire de la République de Venise. — *Paris*, 1608. Abel Langelier, 2 vol. in-4°.

Portide (Philibert de).

Miegoville (Jean de).

Montmagne (Michel de), recteur du collège St-Martial.

1530

Mende (Thomas de), assesseur en 1544.

Guilhen (Manauld de), assesseur en 1545.

1531

Galfini (Raimond).

Miraliet (Claude-Janus).

Polly (Jacques).

Dubourg (Etienne).

Sauxius (Martin), du diocèse de Pampelune.

Clément VII, par une bulle donnée à Rome, le 20 Septembre 1531, révoque tous les privilèges précédemment concédés aux comtes palatins, cardinaux et même légats *a latere* touchant la faculté de faire des bacheliers, licenciés, maîtres et docteurs en la cité et Diocèse d'Avignon et dans le Comtat.

1532

Roland (Antoine), fils d'Olivier ; fut assesseur en 1533 ; — harangua François Ier.

Forlive (Jean de), frère de Pierre ; assesseur en 1534.

Garrons (Louis des), d'Avignon ; assesseur en 1536.

Armandi (François).

Alzeati (Paul de).

1533

Desmarès (Thomas), d'Avignon.

Suarès (Alphonse), du diocèse de Tolède.

Parison (Rodolphe).

Ripa (François de).

Montagne (Jean), de Noves, ancien diocèse d'Avignon.

1534

Rodulphi (Thomas).

Garnier (Philippe).

Gardane (Charles).

Andrici (François).

Machard (Claude).

Mimata (Thomas de), d'Avignon.

Berard (Labœo).

Novarins (Jacques de), né à Avignon en 1513 ; y professa le droit pendant 20 ans ; — comte aux loix ; primicier en 1544, 1547, 1562 ; — a édité les œuvres de Gille de Bellamère.

1535

Morini (Lazare).

Pelleteri (Joseph).

1536

Vinsaude (Jean de).

Panisse (Pierre de), fils de Jean ; marié à Avignon en 1550, mort en 1585, nommé par Henri II, garde des sceaux et chef de la Justice en Corse, par brevet du 24 août 1556, lors de la réunion de cette île à la France.

Genasio (François de), *Genassio, Genas*, né à Avignon le 2 novembre 1510, fils de François ; — seigneur *de Aculéâ*, de l'Aiguille (lieu de la commune actuelle de Vedènes), mort à Nîmes en 1587. Il fut reçu docteur à Padoue le 25 novembre 1535 ; il prit le même grade à Avignon en 1536. Il fut consul d'Avignon en 1535 et conseiller au Parlement d'Aix. Il embrassa le calvinisme.

1537

Retori (Jean).

Isnard (Gabriel).

Docteno (Jean).

Roland (Joachim), fils de Nicolas ; assesseur en 1544.

Marie (Pierre).

Marie (Jean).

Requires (Honoré).

Morelli (Jean).

Baudrat (Jean).

1538

Jausserandi (Jean).

Durand (Claude).

Desmaretz (Guillaume), du diocèse d'Usez.

Durant (Jean), fils de Louis ; docteur de Sens.

Feraudi (Antoine).

1539

Parpaille (Perrinet), famille originaire de Montcalier (Piémont); né à Avignon, fils de Perrinet. = Parpaille se déclara calviniste en 1562. Le conseil d'Orange l'envoya à Lyon pour y vendre les vases d'argent, reliquaires et autres choses précieuses qui avaient été pillées. A son retour il fut découvert habillé en soldat et saisi au bourg de Viviers, le 30 mai 1562, par des personnes du Comtat qui le reconnurent. La nouvelle en arriva tout de suite à Avignon au Vice-Légat, à qui on demanda ce qu'il en fallait faire. Le Vice-Légat répondit qu'on le gardât exactement jusqu'au moment où il put l'envoyer prendre. On le conduisit au château de Mondragon. Le comte de Sommerive ordonna qu'il fut soigneusement gardé jusqu'à nouvel ordre. Le Vice-Légat ayant été à Caumont pour demander au comte de Sommerive le président Parpaille, comme sujet du Pape, accusé de quantité de crimes, le comte le lui accorda. Il fut amené sous bonne escorte à Avignon et mis en prison dans le palais apostolique. Le roi avait écrit qu'il était bien aise qu'on l'eut remis entre les mains des officiers du Pape afin que son procès lui fut fait.

A son arrivée dans Avignon, le 8 septembre 1562, on fit des réjouissances et des feux de joie, tant pour l'arrivée de Parpaille que pour la prise de Sisteron sur les protestants.

Parpaille eut la tête tranchée, le 9 septembre, entre 3 et 4 heures du matin, dans le palais, devant le grand puits de Trouillas ou des Suisses.

On avait aussi dressé une potence où fut pendu Antoine Pélegrin, poudrier d'Avignon, qui avait promis de faire sauter une tour des murailles de la ville.

Les cadavres restèrent exposés toute la journée sur l'échafaud. Vers les six heures du soir on transporta le corps de Parpaille dans une bière au cimetière des Pénitents gris où il fut enterré : Pélegrin fut porté à St-Agricol où il fut inhumé.

La maison de Parpaille qui était où se trouve la place Pie fut donnée au sac et au pillage. En une demi-heure elle fut entièrement démolie, en sorte qu'il paraissait n'y avoir jamais eu de maison. Un homme et un enfant périrent par la chute d'une poutre.

La tête de Parpaille avait été mise sur un pilori à la place du palais avec un écriteau où on lisait qu'il avait été fauteur des hérétiques, rebelle à son prince et traître à sa patrie.

Les procédures contre Parpaille furent faites par Floravant Augustin, auditeur, Fortaguerre Jean-Baptiste, auditeur, Vasquin Filleul, juge et François Bérard, avocat. Les greffiers étaient Pierre Berardi et Jacomini.

Saurin (François), d'Avignon, fils de Boniface.

Audoin (François).

Riquerius (Barthélemy), qui fut professeur.

Frocaudi (Jacques).

Roussot (Etienne), de Salon, diocèse d'Arles.

Rochati (Pierre).

Facili (Philippe).

Rabasse (Jacques), de Malaucène, ancien diocèse de Vaison.

1540

Grangier (Louis), du diocèse de Vienne.

Ilbe (Signet), du diocèse de Besançon.

Sobirats (François de), d'Avignon, assesseur en 1554.

Bonchaine (Jacques), du diocèse de Glandèves.

1541

Salvati (Guillaume), du diocèse de Lyon.

Puget (Jean).

Albaneli (François), de Barcelonne.

Vitalis (Jean Ponce), de Castillon d'Empurias, Catalogne.

Roland (François), d'Avignon, fils d'Olivier ; assesseur en 1543.

Francia (Pierre de), d'Avignon, dit Marie.

Francia (Jean de), d'Avignon, dit Marie; assesseur en 1546, 1552, 1563.

Vincens (Charles), d'Annecy, diocèse de Genève.

Rabasse (Esprit), de Malaucène.

1542

Roger (Louis), de Brignolles, diocèse d'Aix.

Exaloti (Jean), de Barcelonne.

Panisse (Claude), fils de Jean.

Goffredi (Bernard), d'Avignon.

1543

Pérussis (François de), d'Avignon ; conseiller au parlement de Provence en 1543.

Colin (Julien), d'Avignon, assesseur en 1559, 1564, 1570, 1590.

Tonduti (Georges), d'Avignon.

Saberan (François), d'Avignon.

Rathe (Aimé), du diocèse de Béziers.

1545

Sissoine (André), d'Abéras, diocèse de Bourges ; assesseur en 1560 et 1578.

Rambaud (Gaspard), de Castillon, diocèse de St-Dié.

Saurin (Antoine), d'Avignon, fils de Boniface.

Montaulieu (Guillaume de), de Marseille.

Balthazar (Christophe), dit *de Saporats* ou *de Saporatis* ; docteur de Valence.

Castillon (Jean), de Bourg-en-Bresse.

Fortis (Jean), d'Avignon.

Aqueria (Joseph d'), *Acqueria, Aiguières, Aquerius, Aquerii, Aldegarius, Aldegerius, Audegarius, Audelgier, Audiguier,* né à Avignon ; assesseur en 1551. — A la même famille appartiennent : Isnard d'Aqueria, qui fut juge d'Avignon en 1206, 1207, 1210, 1214 et 1215 ; — Audelgier qui fut podestat en 1241 ; — Arnaud d'Aqueria, qui, en 1216, fut envoyé par Avignon à Raymond VI, comte de Toulouse, à son retour de Rome (Poëme du troubadour Guy de Cavaillon, traduit et publié par Fauriel).

1546

Laurents (Jérome des), famille originaire de Cavaillon, né le 15 juin 1517 à Avignon ; marié en 1548 avec Isabelle de Lopes de Villanova ; décédé le 5 juillet 1606. Docteur de l'Université de Valence en 1543 et de celle d'Avignon en 1546 ; avocat de la ville; comte aux lois; premier auditeur de la Rote lors de la création de ce tribunal en 1570 ; assesseur en 1555 et 1578 ; primicier en 1550, 1571, 1577 et 1591. Il professa pendant 42 ans le droit à Avignon. = *Decisiones Rotæ sacri palatii Avenionensis. Genève, in-4°, 1589. Lyon, in-folio, 1600 ; à Francfort-sur-le-Mein, in-8.*

Isoard (Jean), de Saint-Etienne, ancien diocèse de Nice.

1547

Cadonet (Elzéar de), de Salon ; assesseur en 1549, 1561, 1565.

1548

Viviers (Antoine), de Valence.

Baudoli (Antoine), de Forcalquier.

Piotaltus (Philippe), de Bourbon, diocèse d'Autun.

Burossi (Claude), du diocèse de Rouen.

Bollet (Claude), de Lyon.

Bonetti (Arnaud), de Nimes.

1549

Barrier (Jacques).

Montcalm (Jean de).

Isnard (Pierre), de l'ordre de Cluny.

Mercier (Guizard), d'Usez.

Soles (Melchior de), de Barcelonnette.

Molière (André de), de Saint-Ambroix, diocèse de Nimes.

Sade (Jean de), fils de Joachim, seigneur de Mazan ; mort à Aix le 8 janvier 1600, premier président de la Cour des comptes de Provence.

1550

Saint-Geniès (François de), de Valence ; prieur de la confrérie de St-Sébastien ; primicier en 1573.

Ripti (Jean), de Toulon.

Floravento (Augustin), de Prato, diocèse de Florence ; assesseur en 1553 ; auditeur du vice-légat ; épousa demoiselle de La Beauberard.

Blanchon (François), d'Uzès.
Damuseo (Celius de), italien.
Durand (Jean), de Draguignan.
Javoli (Gabriel), de Carpentras.
Combe (François), d'Hyères.
Duchaine (Jacques), d'Anduze.
Salian (Jean), d'Avignon.
Inqueriis (Pierre de), du diocèse de Nimes.
Calvière (Guillaume), du diocèse de Nimes.

1551

Alguesi (Raymond d').
Luzzi (Jean de).
Gelabert (Jérome).
Meslin (Melchior).
Boni (Pierre de).
Tulle (Julien de), seigneur de Soliers ; primicier en 1563 ; assesseur en 1556, 1566 et 1576.
Provençal (Boniface).
Michaelis (Robert) ; primicier en 1566 et 1570 ; assesseur en 1562.
Magnus (Léo), secrétaire du vice-légat.
Isnard (Pierre), d'Avignon ; recteur de Saint-Martial.
Morelli (Antoine).
Balthazar (Christophe), de Die.
Laurent (Jean), religieux de Saint-Martial, ordre de Cluny.
Boullerii (Pierre).
Garnier (Jean).
Nicolai (Jean).
Paris (Nicolas), fils d'Antoine.
Votte (Jean de).
Rodulphe (Simon).

1552

Antoine.
Chantaudy (Poncet).
Espinasse (Jean).
Billotti (Philibert).
Masse (Louis).
Burgosis (Pierre).
Latonet (Zacharie).
Badiro (Etienne).
Boudoli (Jean).
Drivati (Benoit), d'Avignon.
Clair (Jean).
Brunelli (Claude).
Boisson (Gaspard).

1553

Burini (Philibert).
Recours (Jean).
Avignon (Etienne).
Clapier (Laurent).
Marchand (Marc).
Tulle (Jean de), *de Tulliâ, de Teule*, famille originaire de Cornaro en Piémont ; né à Avignon ; fils de Bernardin ; professeur de droit canonique ; primicier en 1569, 1578 et 1588 ; prieur de St-Gilles de Pernes ; recteur du Venaissin ; évêque d'Orange le 16 juin 1572, mort en 1608. Trois prélats de ce nom ont occupé successivement le siége d'Orange. Jean V de Tulle (1572-1608). Jean VI de Tulle (1608-1640) et Jean Vincent de Tulle (1640-1646).
Rosseti (Michel).
Dominique (Etienne).
Ruftus (Pierre), de Nevers.

Gay (Jean de), né à Avignon, fils d'Antoine ; enseigna les lois à Marseille et à Avignon, assesseur en 1577 après la mort de Joannis (Georges) ; juge de St-Pierre en 1600. (1).

Romi (Lantelme de), d'Arles.

Desmaretz (Julien).

Silvi (Henri).

Alizai (Honoré).

Dumbert (Jean).

Agarin (Jean).

Meirius (Jacques).

Favet (Fulcrand de), du Vigan.

Tardin (Jean).

Fabrique (Antoine de).

Michaelis (Roocrt), de Nice.

1554

Rabaudi (Jean).

Druini (François).

Rotta (Jean-Philippe), d'Avignon, assesseur en 1557.

Plantier (Jacques).

Antelmi (Louis).

Lejeune (André).

Roussardi (Jean).

Griffon (Etienne).

Fongemardi (Guillaume).

Fongemardi (Claude).

Portius (Jean-Michel), du Piémont.

Gardonis (Louis).

Huguos (Claude).

Gaufridi (Guillaume).

Maceratus (Jean).

Ceypel (Nicolas).

Gautier (Perceval).

Durius (Jean).

Coudano (Jacques de).

Turret (Barthélemy).

Suarlis (Joseph de), d'Avignon ; assesseur en 1558, 1574, 1600, 1610.

Grandepierre (Jacques de).

1555

Fuco (Antoine).

Eymini (Antoine).

André (Bertrand).

Malfret (Pierre).

Bollet (Augustin).

Poussevin (Fabrice).

Berardi (François), fils de Labeo.

Davin (Jacques).

Froment (Nicolas).

Serre (Barthélemy).

Joannis (Georges), d'Avignon ; assesseur en 1566, 1572, 1577.

Pueivoli (Louis).

Boycagonsini (Gabriel Amédée).

Marceret (Philippe).

(1) Le Tribunal de St-Pierre, ou Cour temporelle, est le plus ancien des Tribunaux qui existaient à Avignon avant la réunion d'Avignon à la France. Les actes notariés des 12e et 13e siècles en font mention ainsi que les statuts de 1154 et 1243. Il est désigné dans les manuscrits du 12e siècle sous le nom de CURIA CIVIUM. Il était composé de deux juges annuels et on ne pouvait appeler de ses jugements si la somme dont était appel n'excédait pas cinquante sous tournois.

Benoît (Laurent), d'Avignon; agrégé.

Guirani (Gaspard).

Firnier (Jérome).

Desfontaines (Jean).

Petiti (Elzear).

Saint-Jacques (Balthazar de).

Coste (Louis de).

Fortia (Pompone), d'Avignon; agrégé.

Cratesi (Pierre-Joseph), seigneur du Gravier.

Papius (Jean-Ange), italien; agrégé.

Curtius (Jean), de la Romagne.

Bernardi (Pierre).

Cormis (Claude de).

Sillanes (François).

1556

Jantial (Jean).

Achard (Pierre).

Conflans (Antoine de).

Lamaison (Jean de), d'Aramon, diocèse de Nîmes.

Poyer (Pierre).

Joannis (Nicolas), du Saint-Esprit, diocèse d'Uzès.

Aguillonet (Robert).

Lana (Augustin).

Rothacius (Silve).

Mustali (Barthélemy).

Bellon (Jean), né à Toulouse; professeur de droit civil à Avignon en 1556. = *De stylo curiarum; Communes juris sententiæ ordine alphabetico digestæ, adjectis contrariorum oppositionibus et solutionibus. 1554. Toulouse.*

Olivier (Pierre).

Branges (Philibert de).

Paccolino (Louis).

Surdius (Louis).

Firmin (Joseph).

Blanc (François-Gabriel).

Chaussardi (François).

Saurin (Jean).

Olivier (Gui).

1557

Besson (Antoine).

Pinus (Marcel-Girard).

Sauteri (Pierre).

Malemont (Pierre de).

Ribiers (Barthélemy de), *de Ripariis*, né à Pernes, ancien diocèse de Carpentras; official de l'Evêque de Carpentras.

Calvière (Pierre), de Nîmes.

Putodus (Claude).

Rostagnier (Jean).

Alen (Pierre).

Baroti (Lazare).

Borelly (Nicolas).

Capris (François de).

Feraudi (Jean-François).

Pinetti (Barnabé).

Montcalm (Robert de), de Nîmes.

Massa (Jacques).

Bellicoma (Denis).

Clari (Jean-Baptiste).

Roberti (Jean).

Bermondi (Albert).

Verot (Jean), de Carpentras.

Renzo (Bernardin).
Veroti (Antoine), de Nîmes.
Jossandi (Jean).
Marchand (Claude).

1558

Filleul (Simon), dit *de la Magdeleine*; fut assesseur en 1581.
Longi (Jérôme).
Bobellini (Louis).
Teclus (Bernard).
Bourgiardi (Pierre).
Duprat (Jean), *Dupré*.
Ferrier (Jean-Bernardin).
Agarin (Honoré).
Tourreau (Pierre), italien, de Bologne.
Chabaudi (Tristan).
Compagne (Simmeri).
Garcin (François).
Pierre.
Sanglies (Paul).
Pontan (Pierre), du lieu dit les Fontaines.
Rosseti (Jacques).
Fabrique (Louis de).
Textoris (Pierre),
Robert (Jean).
Onde (Albert).
Cabiaci (Jean).
Varadier (Pierre de), seigneur de St-Andeol.
Fienes (Louis de).
Aguilhoni (Léonard).
Lequodus (Jean).
Gantois.
Mirmand (Antoine).
Girard (Claude).

1559

Anrieti (François), d'Avignon.
Saint-Roman (Arius de).
Rochette (Claude).
Fabrique (Gaspard de).
Bordesi (Louis).
Arvins (Louis).
Pauli (Pierre de).
Cordi (Amédée).
Grimaldi (Jean-Baptiste), de Gênes.
Bene (Fabius di).
Gevaudan (Honoré).
Garret (Jean).
Garret (Philippe).
Barnier (Antoine).
Martin (Jean).
Bruni (Jean).
Richier (Jean).

1560

Julien (Jean).
Teydet (Gaspard).
Isnard (François).
Dubois (Claude).
Mondanet (Pierre).
Borriaci (Jean).
Crucioni (Robert).
Gonteri (Honoré).
Codet (Amédée de).
Rochette (Gui).
Gregori (Robert).
Lopes (Jean de), d'Avignon, assesseur en 1573 et 1583.
Charoli (Jean).
Salla (Augustin).
Benoit (Gilles), né à Avignon;

agrégé en 1561 ; assesseur en 1582. Ses manuscrits se trouvent à la Bibliothèque de Carpentras.

Sobiratz (François), docteur de Valence.

Les cours furent interrompus de 1560 à 1563.

1562

Coste (Jacques-Fromont).
Textoris (Louis).

1563

Borreli (Monet).
Motet (Augier).
Candia (Honoré de).

1564

Pupus (Gabriel), d'Avignon ; auditeur de rote ; assesseur en 1592.
Giuni (Jean-Honoré).
Benoit (Christophe).
Morini (Gilles).
Barrême (René de).
Bellin (Charles).
Retard (François).
Frederici (Jérôme).

1565

Duprat (Claude).
Bezet (Vital).
Boytardi (Jean).
Valentiani (Antoine).
Paulo (Pierre de), dit *de Costa*.
Petris (Jean-François de), d'Avignon.
Gay (Joseph de), fils d'Antoine.
Malabaille (Jérôme)

1566

Camuti (Philippe).
Combardi (Louis).
Maffredi (jean-Antoine).
Taumagno (Jacques).
Simeoni (André).
Gast (Gabriel), du Thor, ancien diocèse de Cavaillon.
Vincent (François).
Fromondi (Jean).
Pauchard (Jean-Garnier).
Bonet (Honoré).
Effesi (François).
Amand (Dominique).
Saint-Marc (François de).
Marbre (Grimaud).
Vincent (François).
Saint-Martin (Ange de).

1567

Alberti (Michel).
Bernardi (Etienne).
Bedini (Gaspard), d'Avignon.
Aquiola (Claude).
Ripa (Gérard de Saint-Nazaire de), d'Avignon ; chanoine de Saint-Agricol ; primicier en 1575.
Rodulphi (Philippe).
Remusac (Jean de).
Félix (Philippe).

1568

Buchetel (Pierre).
Chambon (Pierre).
Rossardi (Jean).
Constance (Martin de).
Magnati (Gabriel), assesseur en 1585.

Baucoronati (Pierre).

Lionsin (Jean de).

Roaix (Guillaume de), des Almerans.

1569

Fauchier (Honoré).

Billoti (Antoine), *Biliotti*, né à Avignon ; primicier en 1594 et et 1603 ; assesseur en 1575 et 1580 ; juge de Saint-Pierre en 1598. Etant devenu veuf il entra dans l'état ecclesiastique ; il fut nommé grand vicaire et official du diocèse d'Orange.

Astac (André d').

Sarpillon (Guillaume) ; assesseur en 1571, destitué par délibération du conseil.

Dardelle (Etienne).

Pasquier (François).

Perney (Nicolas de).

Raymond (Antoine).

Sigoyer (Mathieu).

Rivettes (Guignes).

Arici (Vincent).

Feraudi (Jean), d'Avignon ; assesseur en 1589.

Raymond (Jean), de Cavaillon.

1570

Ponchinat (Antoine).

Sinetty (Gaspard).

Dignosci (Elzear de).

Taxis (Jean-Baptiste).

Esparron (Honoré d').

Boutin (Pierre), de Brigardes, diocèse d'Aix ; assesseur en 1597.

Oraison (André d'), ou **Aiguo d'Oraison** (André de l'), né à Cadenet en 1545. Nommé en 1570 évêque de Riez, il prit possession de ce siége le 7 janvier 1573 ; mais au lieu de se faire sacrer il abandonna la foi catholique, se jeta dans le protestantisme et se maria. Il se convertit plus tard et se rétracta publiquement.

Breto (Jean).

Feraudus (Jean-François), de Nice.

Montfaucon (Emeric de).

Bobelin (Louis), agrégé.

Gondet (Jean), de Montfrin, diocèse de Nîmes.

Sormetti (Barthélemy).

Propo (Claude de).

Modiis (Jean de).

Chabert (Pierre).

1571

Polardi (Henri).

Salle (Louis de La), né à Avignon ; famille originaire d'Agnani ; fils de Clément ; doyen de la Collégiale de Saint-Pierre, primicier en 1572 et 1579.

Tonduti (Raymond), né à Avignon, fils de Pélegrin ; assesseur des consuls d'Avignon en 1579, 1587 et 1604 ; primicier en 1607. Son père était notaire.

Novarins (Simon de), d'Avignon, fils de Jacques.

Laurents (François des), d'Avignon, fils de Jérôme.

Laurents (Pierre des).

Malvacci (Guillaume de), de Saint-Paul-de-Vence.

Caroni (Honoré), de Bagnols, diocèse de Fréjus.

Allouato (Guillaume), de Courbarous, diocèse de Gap.

Pandravi (Laurent), chanoine de Saint-Didier ; agrégé en 1574.

Clopoti (Jean), de Pont-de-Vaux en Bresse, diocèse de Lyon.

Chanuel (Olivier).

Molz (Léonard).

Laurent (Claude).

Cops (Jean de), *Cepianus, de Cepis* ; né à Avignon, agrégé.

1572

Constance (Raymond de).

Alphandi (Raphaël).

Blancheti (Jean), d'Avignon.

Duplatre (Philibert).

Vidal (Jean).

1573

Saint-Marc (Honoré de).

Socheti (Jean).

Perussis (Claude de), baron d'Oppède, fils de François.

Flotte (Ferrier).

Brittoni (Bertrand).

Gaugeri (Jean).

Albert (Martin), de Carpentras.

Suarès (Jean), docteur de Valence, frère de Joseph, agrégé.

Gardanes (Jacques), d'Avignon, agrégé.

Almorani (Pierre), de Saint-Remy, diocèse d'Avignon.

Almorani (Paul), de St-Remy.

1574

Barrossi (Gaspard).

Chautardy (Antoine).

Bladier (Antoine).

1575

Lostrous (Hugues).

Thomas (Honoré).

Joannis (Jean), d'Avignon ; agrégé ; assesseur en 1591 et 1595.

Constans (Pierre).

1576

Benigne (Charles).

Ravanelli (Jean).

Scopta (Trivulce).

Rouvière (Jean de la).

Pezonti (Nicolas).

Beau (Louis), *Belli, Bellis*, né à Avignon le 17 novembre 1553 ; professeur de droit canon à l'université d'Avignon ; comte aux lois ; auditeur de la Rote ; quatre fois primicier ; jurisconsulte renommé. = *Consilia posthuma. Genève, 1635, in-fol.*

Gombert (Pierre).

Sabatier (Richard).

1577

Gay (Antoine de), fils de Jean.

Porcellat (Pierre).

Bellon (François), d'Avignon,

agrégé ; assesseur en 1588 ; juge de Saint-Pierre en 1600.

Vernot (Siméon).

Mottoti (Thomas).

Patris (Guillaume de) ; du diocèse de Toulouse ; vicaire général et auditeur du cardinal Georges d'Armagnac, vice-légat. — Le 15 mai 1580, Patris, soupçonné de vouloir livrer Avignon au roi de Navarre, fut poignardé à Bédarrides par ordre de Malvezzi, général des armes. « Le général Malvezzi, com» mandant des troupes à Avignon » et ennemi de Guillaume de Patris, » lieutenant et auditeur général du » cardinal collégat d'Armagnac, » président du Tribunal de la Rote, » grand vicaire de l'archevêché, » abbé de La Grasse (diocèse de » Carcassonne), natif de Toulouse » et âgé d'environ 40 ans, avait » résolu de le faire tuer, sous le » prétexte qu'il avait fomenté les » troubles survenus à l'occasion des » deux portes de la ville seulement » ouvertes tant à cause de la peste » qui ravageait les environs que de » la crainte d'une surprise. Le gé» néral Malvezzi ne communiqua » point son dessein au collégat » dont il relevait pourtant. Il fit » espionner l'abbé de Patris pour » pouvoir le surprendre ailleurs » qu'à Avignon où il était très» aimé du peuple et où il ne sor» tait que fortement accompagné » le jour, et prenait la nuit toutes » les précautions imaginables pour » n'être point insulté. Malheureu» sement il fut obligé d'aller à Bé» darrides pour baptiser un enfant » de la fille de M. Gaspard de Châ» teauneuf, seigneur de Velleron et » co-seigneur d'Entraygues, et d'I» sabelle de Saint-Sixte. Le général » en étant averti par un de ses » espions, donna l'ordre à Marc» Antoine Oddi, gentilhomme ita» lien, d'y aller avec sa compagnie » de chevau-légers et de le tuer » n'importe comment sans autre » forme de procès. Le 16 mars » 1580 cet ordre fut exécuté. Oddi » arrivé au bourg de Bédarrides » envoya prier l'infortuné Patris de » s'y rendre sous prétexte de com» munications importantes. Celui-ci » s'y rendit sur-le-champ accompa» gné de plusieurs amis et domes» tiques. Oddi accourant à lui le » combla de politesse et le tirant à » l'écart il lui donna une lettre à » lire. Pendant cette lecture un » chevau-léger lui donna un coup » de poignard. Oddi redouble par » sept autres et l'étendit mort sur » place. On prétend qu'il lui fit » passer ensuite sur le corps les 50 » chevau-légers. La victime de cet » assassinat fut horriblement défi» gurée.

» M. Guillaume de Berardi char» gea alors les chevau-légers à la » tête des amis et domestiques de » M. de Patris et les attaqua si vi

» goureusement, quoique très-
» inférieur en nombre, qu'il leur
» tua six hommes.

» Oddi se retira à Ménerbes avec
» sa compagnie. M. de Saint-Sixte
» reçut dans cette affaire des bles-
» sures dont il mourut à Avignon
» le 14 juin suivant. Il fut enterré
» dans l'église de Sainte-Madeleine.
» Berardi qui dans l'action avait
» reçu trois coups d'épée en fut
» longtemps malade. Un domes-
» tique témoin de la mort tragique
» de son maitre mourut de frayeur. »
(Manuscrit Laurent).

1578

Sissoine (Sébastien de), d'Avignon, fils d'André ; agrégé ; assesseur en 1606.

Blanquin (Jean-Pierre).

Payen (Pierre), *Payanus*, né à Visan, diocèse de Vaison, agrégé en 1611 ; assesseur en 1624, primicier en 1618.

Valetani (Raymond).

Noirot (Claude de).

Sabeyran (Pierre), d'Avignon ; agrégé.

Martin (Raymond), de St-Dalmas, diocèse de Nice ; agrégé.

Sicardi (Guillaume).

Martinenqui (Guillaume).

Vectier (Pierre).

Saunier (Louis).

Guérin (Pierre).

Hermite (Antoine).

Clapier (Jean).

Magdelon (Gabriel).

1579

Raousset (Charles).

Tonduti (Pierre), d'Avignon, fils de Pelegrin ; primicier en 1605 ; assesseur en 1629.

Louget (Rodulphe).

Platet (Jean).

Marin (Gilles).

Avignon (Nicolas).

Cordurier (Claude).

Beau (Gabriel), né à Avignon en 1559, mort le 31 décembre 1635 ; deux fois primicier ; professeur de droit civil pendant plus de 40 ans. = *Opera posthuma, Lyon. 1645, in-4°*, édité par son fils Hector (*Barjavel*).

Minuti (François).

Garnier (Jean).

Todaniani (Jean).

Clapiers (Pierre).

Guérin (Jean).

Chapussi (Aimon).

Villardi (Jacques), d'Avignon ; fils de François ; assesseur en 1598.

Coyteux (Jean).

Nicolaï (Romain).

1580

Valence (Charles de), d'Avignon ; agrégé.

Vidal (Marc-Antoine).

Laurents (Jean des), né à Avignon le 15 octobre 1559, fils de Jérôme ; mort le 23 décembre 1628. Comte aux lois ; primicier en 1601 et 1622.

Barrier (Jérôme).

Suarès (François), d'Avignon ; fils de Joseph ; prévot de N.-D. des Doms en 1594 ; primicier en 1606 ; mort le 26 décembre 1640.

Desmarets (Jacomin), agrégé.

Montaman (César de), agrégé.

Pelard de Noyret (Jean-Claude).

Billioty (François).

Romei (François).

Signoni (Melchior).

Montemara (Jean de).

Louvaney (Louis), assesseur en 1594 et 1605.

Pertuys (Barthélemy de), juge de St-Pierre en 1598.

1581

Benoit (Jacques).

1582

Audibert (Pierre), de l'Isle, diocèse de Cavaillon.

Labeone (Labeau de), fils de François ; agrégé.

Gautier (François), d'Avignon, fils de Perceval ; agrégé.

Perier (Georges du).

Touron (Jean de).

Berard (Jean).

Barrier (Louis), d'Avignon ; agrégé, assesseur en 1593.

1583

Drapier (Laurent), assesseur en 1603, 1611.

Borrier (Louis).

Bellot (François).

Greurioni (Gui de).

Sadolet (Paul), né à Carpentras.

Aqueria (Rostaing de), né à Avignon, fils de Jean ; agrégé ; assesseur en 1596.

Bertrand (Louis), de Grasse.

Guyon (Pierre), né à Carpentras ; agrégé ; juge de St-Pierre en 1599.

Turelli (Georges).

Centenier (André de), *Centenar, Centenare, Centenaris, Centenariis,* fils de Jean-Baptiste ; avocat estimé ; élu 1er consul de Carpentras en 1594, 1600, 1607, 1613 ; élu une fois juge ordinaire de cette ville, et cinq fois juge des appellations. Il ne resta de lui qu'un seul fils qui prit l'habit dominicain. Son père, avocat, né à Cremone, comte Palatin, jurisconsulte renommé, était devenu citoyen de Carpentras en 1532.

1584

Juliani (Arnulphe de).

Suarès (Joseph), d'Avignon, fils de Joseph ; agrégé.

Raoulx (Jean).

Cambis (Richard de), seigneur d'Orsan, né à Avignon, fils de Jean ; agrégé en 1611 ; primicier en 1613 et 1625 ; auditeur de rote.

Boutin (François), *Bottinus*, né à Avignon ; agrégé en 1607.

Pueyrel (Charles).

Cabasson (Gaspard).

Rolland (Jean de), d'Avignon, fils de François ; seigneur de Reauville ; agrégé.

Louis (Jacques).

1585

Renis (Peregrin de), d'Avignon ; agrégé.

Blanc (Guillaume), d'Albi.

Sissoine (André), d'Aubenas, diocèse de Béziers.

Labeone - Berard (Laurent de), né à Avignon, fils de François ; agrégé.

Ribiers (Arnaud de), de Pernes.

Feraud (Michel), capiscol de St-Pierre.

Deydier (Cosme), de Marseille.

Bruni (Antoine), du diocèse de Dulcigno.

Tardif (Horace), de Frejus.

Magnan (Melchior), de Forcalquier, diocèse de Sisteron.

1586

Durand (Jean), de Tarascon.

Louis (Jacques), d'Arles.

Gras (François de), de Nimes ; citoyen d'Avignon ; juge de St-Pierre en 1599.

Russatus (Michel), de Langres.

Tourvel (François), du diocèse de Riez.

Borel (Claude), seigneur de Berclaus et de Verne.

Montain (Jean de), du diocèse de Genève,

Arnoud (Vietres), du diocèse d'Embrun.

1587

Inauferet (Jacques), d'Arles.

Lacroix (François de),du diocèse d'Orange ; agrégé.

Ribère (Henri), d'Avignon ; agrégé. Son père, Emmanuel, était docteur en médecine.

Seguins (Roger des), de Carpentras, fils de Jean ; avocat-général.

Michaelis (Claude).

Guy (Jean), d'Avignon, fils de Jean ; agrégé.

Drivati (Bertrand), d'Avignon, fils de Benoit.

Arnulphi (Pierre), de Crest, diocèse de Die.

1588

Etienne (Victor), chanoine d'Aix.

Portier (Jean).

Gaufridi (François),d'Avignon.

1589

Valette (Jean), de Nimes.

Barrème (Jean de), de Tarascon.

Piolenc (Thomas de), d'Aix.

Benoit (François), de Carpentras.

Centenier (François de), de Pernes.

Aycard (Paul), de Vintimille,

Riooni (André), de Pedenache, diocèse de Bourges.

Baud (Claude), d'Avignon ; agrégé.

Guibroni (Guillaume), de Rhodez.

Condini (Antoine), de Carcassonne.

1590

Bonet (Claude), de Vienne.

Olon (Joseph), de Nimes.

Chabrand (Barthélemy), de St-Remy, diocèse d'Avignon.

Gollier (Benoit), de Châteauneuf-Giraud.

Berroin (Charles), de Mondragon, diocèse d'Arles ; agrégé.

Serre (Guillaume), d'Avignon ; agrégé.

Salvatoris (Jean - François), d'Avignon ; agrégé ; assesseur en 1601.

Soubiras (Pierre de), de Carpentras, fils de François ; agrégé.

Ferrioli (Jacques), de Plaisance.

Bernier (Robert de), de Nimes.

Saint-Geniès (Honoré de), *Saint-Genest*, d'Avignon, fils de François ; agrégé ; primicier en 1611, auditeur de rote.

Calvet (Jean), juge de St-Pierre en 1597.

1591

Seguins (Gabriel-Marie des), né à Carpentras ; fils de Jean ; primicier en 1608 et 1621.

Clerus (Jean), de Montpellier.

Merles (François de), d'Avignon ; agrégé.

Gagnon (Pierre), d'Arles.

Joannis (Elzear), d'Avignon, fils de Georges ; agrégé.

Petris (Noel de), du diocèse d'Arles.

Grandis (Jean-Baptiste), de Carpentras.

Sestius (Barthélemy), d'Avignon ; fils de Jean Michel et de Dlle Jeanne de Joannis ; agrégé.

Ferranqui (Jean), d'Avignon.

1592

Drac (Jacques), d'Orgnon, diocèse d'Avignon.

Ladavian (Pierre), de Senas, ancien diocèse d'Avignon.

Rue (Louis), de Greoux, ancien diocèse de Vence.

Martin (Louis), du diocèse de Glandèves.

Arbaud (Joseph), d'Aix.

Vic (François de), ou *de Pongibaut* ; du diocèse de Clermont.

Trémond (Elien), des Mées, ancien diocèse de Riez.

Bernier (Jean), de Montbrison,

1593

Poitevin (Honoré de), de Riez ; seigneur de Malemaison et d'Eyglun.

Fulconi (Robert), d'Arles.

Joannis (Guillaume), de Bedoin, ancien diocèse de Carpentras.

Royer (Georges), de Colomberan, diocèse de Langres.

Serre (Richard), d'Avignon.

Barbier (Dominique), du Brux, ancien diocèse de Vaison.

Rebelli (Mathias), du diocèse de Meaux.

Suarès (Louis), d'Avignon, fils de Joseph ; agrégé.

1594

Blanc (Georges), d'Avignon.

Joannis (Laurent), d'Avignon ; secrétaire de la légation ; agrégé ; juge de St-Pierre en 1597 ; assesseur en 1602 et 1609.

Bus (Thomas de), d'Avignon, *de Buxio.*

1595

Fabrice (Gaspard), de Marseille.

Flocard (René), du Puy.

Saint-Sixte (Charles de), famille originaire de Savoie ; né à Avignon, fils de Pierre ; évêque de Riez le 25 mars 1601 ; mort le 15 avril 1614, empoisonné, dit-on = *Oraison funèbre de Henri IV, 1610. Sermons. Odes.*

Tulle (Pierre de), *Tullius*, né à Avignon ; agrégé ; assesseur en 1608 et 1614.

Raimond (Paul), de Carpentras, fils d'Etienne.

Bus (Hercule de), de Carpentras.

Huet (Rolland), de St-Saturnin d'Apt.

Joannis (Melchior-Jacques), d'Avignon ; agrégé ; seigneur de Nochères, mort le 14 mars 1663 ; assesseur en 1612, 1618, 1625 et 1645.

1596

Balthazar, de Pernes.

Gouzo (Pierre), d'Avignon ; agrégé en 1605.

Rastellis (Alexandre de), de Cavaillon.

Guiraud (Pierre), d'Alose, diocèse de Senez.

Testo (Catelin), de Pernes.

Félix (François), d'Avignon ; agrégé ; assesseur en 1615, 1623, 1634 et 1651.

1597

Paudran (Antoine), d'Avignon.

Labeau-Berard (Henri de), fils de François ; agrégé.

Suarès (Henri de), d'Avignon ; fils de Joseph ; agrégé.

Guichard (Pompée), d'Apt ; assesseur en 1635, 1644, 1662.

Vedeau (Barthélemy), d'Avignon ; agrégé.

Suffren (Palamède), d'Aix.

Veran (Guillaume), de Scarana, diocèse de Nice.

Foraudi (Antoine), d'Avignon ; agrégé.

Ribère (Paul), d'Avignon, fils d'Emmanuel ; agrégé ; mort le 3 janvier 1662. Son père était docteur en médecine.

Seytres (Henri de), d'Avignon.

Desmaretz (Barthélemy), d'Avignon, fils de Julien ; agrégé ; assesseur en 1630. « Le 2 septembre » 1601, la confrérie des pénitents » de la miséricorde décide que la » compagnie entretiendra un avocat » pour les pauvres et nomme Barthélemy Desmaretz. »

Salète (Jean), de Mezel, ancien diocèse de Riez.

Beaumont (Pierre de), d'Aix.

Sylvestre (Claude), d'Avignon ; agrégé ; assesseur en 1613 et 1632.

1598

Beraud (Pierre), de Cavaillon ; agrégé.

Valauris (Charles), du Buix, ancien diocèse de Vaison.

Faucher (Pierre), d'Arles.

Sarpillon (Honoré), d'Avignon ; assesseur en 1617 et 1633.

Sarpillon (Gilles), d'Avignon ; agrégé.

Borredon (Etienne), de Carpentras.

1599

Paul (Jean-Baptiste), d'Aix.

Blanchetl (Jean-Baptiste), d'Avignon, fils de Jean ; agrégé ; mort le 12 juillet 1636, à Tarascon.

Chayne (Nicolas), d'Aix.

Gardanes (Charles), d'Avignon, fils de Jacques ; agrégé ; mort le 24 janvier 1655.

1600

Ruffi (François), d'Avignon ; agrégé.

Payen (André), de Visan, diocèse de Vaison ; agrégé.

Salvador (Pierre-Joseph), d'Avignon, frère de Jean-François ; agrégé ; assesseur en 1622.

Benoit (Louis de) ou **Benet** (de), fils de Gilles et de D^lle Magdeleine de St-Marc ; agrégé.

Benoit (François de), frère du précédent ; agrégé.

Magnati (François de), d'Avignon ; agrégé.

Uzès (André d'), d'Avignon.

Genet (Gilles), né à Sorgues, diocèse d'Avignon ; agrégé en 1624, assesseur en 1631 ; auditeur et lieutenant-général du Vice-Légat.

Barrossi (Pierre-Antoine), d'Avignon, fils de Gaspard.

1601

Garcin (Jean), de Carpentras ; agrégé en 1602.

Cavet (Pierre), de Carpentras.

Sinetty (Jean-Baptiste), assesseur en 1616.

Bérard (Pierre), d'Avignon ; agrégé.

Gente (Antoine), de St-Etienne.

Tonduti (Jean-Baptiste), d'Avignon, fils de Raymond ; assesseur en 1626 et 1636 ; primicier en 1648.

Tonduti (Pierre-François), frère

du précédent ; né à Avignon en 1583, fils de Raymond et de Marguerite de Joannis ; mort le 18 septembre 1669. Assesseur en 1629 ; primicier en 1642 et 1662, comte Palatin ; jurisconsulte renommé. = 1° *Quæstionum et resolutionum legalium libri duo. Lyon, 1683, in-fol ;* 2° *Tractatus de præventione judiciali. Av. Piot, 1651 ;* 3° *Tractatus de pensionibus ecclesiasticis. Lyon. Borde, 1661, in-fol.* Tonduti se livra à l'étude de l'astronomie, fut en relation avec les plus grands savants de l'Europe et publia plusieurs volumes de tables astronomiques.

Tache (Antoine), d'Avignon ; agrégé.

La Sette (César de), de Marseille, seigneur de Mans.

Ricci (Alexandre), du Piémont.

1602

Morand (Charles), de Tortone.

Porcelet (Jean), de Nimes.

Bertrand (Tristan), du diocèse de St-Flour ; agrégé en 1611.

Vincent (Antoine), d'Avignon.

Bernard (Pompée), d'Apt.

Agar (Paul d'), de Cavaillon.

Arnaud (César), de Forcalquier, diocèse de Sisteron.

1603

Suffren (Jean-Baptiste), *Siffredus*, d'Aix.

Choiselas (Gaspard de), dit de Roays, de Pernes, diocèse de Carpentras.

Faucher (François), d'Arles.

Thevenet (Jean), d'Avignon.

Jacques (Théodore), d'Avignon ; agrégé en 1611.

Roberti (Gilles), d'Avignon.

Billon (Thomas) d'Avignon.

Etienne (Jean), d'Aix, dit Etienne, de Saint-Jean.

Ribiers (Esprit de), d'Avignon ; agrégé ; mort le 16 avril 1666. = *Fœlicitatis templum et signum, oratio. Av. Jacques Bramereau. 1644, in-12 de 10 pages.*

Payen (Pierre), d'Avignon, fils de Pierre ; agrégé en 1611.

Mestral (André), d'Avignon ; agrégé en 1604.

Cazal (Arnulphe), de Beaumes, diocèse d'Orange.

1604

Bastet (Mathieu), de Lyon.

Renaudi (Jean), d'Avignon ; agrégé.

Thomassi (Alexandre), de Villes, ancien diocèse de Carpentras.

Anglesi (Gaspard), d'Avignon ; agrégé ; assesseur en 1621.

Novarins (André-René), d'Avignon.

Borgarel (Olivier de), d'Apt ; coseigneur de Vachères.

Beau (Jean), d'Avignon ; agrégé ; mort le 5 février 1669.

Martin de Saint-Rème (François), d'Avignon ; agrégé ; assesseur en 1620 et 1627.

Corderi (Lazare), de Marseille.

Ballarin (Jean), d'Arles.

Clapiers (Esprit de), d'Aix.

Cassoux (Esprit), du diocèse de Carpentras.

Robert (Gilles), d'Avignon ; agrégé.

Ferrier (Bernardin), d'Avignon.

Fulconi (Charles), d'Arles.

Blanc (François), d'Arles.

1605

Rhodes (Pompée de), d'Avignon ; agrégé.

Melletus (Barthélemy), du diocèse de Saint-Paul Trois-Châteaux.

Constantin (François), d'Arles.

Gertosi (Jean), d'Arles.

Barras de la Rubine (Antoine).

Rouvière (Jean de), de Nimes.

Bordini (Julien), neveu de l'archevêque d'Avignon ; agrégé.

Assinel (Jean), d'Apt.

Pocheti (Paul-Antoine), d'Avignon.

Magnati (Pierre-Louis), d'Avignon, fils de François ; agrégé.

Faure (Toussaint), d'Avignon ; agrégé.

1606

Robert (Rodolphe), d'Avignon, mort le 4 janvier 1660. Agrégé ; assesseur en 1628, 1648 et 1657.

Saint-Jacques (Etienne de), de Marseille.

Magnat (Gabriel), d'Avignon ; agrégé.

Gardiole (Paul-Antoine).

Silvestre (Jean), d'Avignon.

Calvet (Georges), d'Avignon.

Sagnier (Germain), de Marseille.

Sagnet (Alexandre), d'Aix.

Tonduti (Gilles), d'Avignon, fils de Raymond.

Isoard (Gabriel), d'Avignon ; mort le 11 mars 1654. Agrégé ; assesseur en 1638.

Jourdan (Balthazar), d'Avignon.

Delbène (Pierre), d'Avignon, mort le 20 août 1667. Agrégé ; assesseur en 1641 et 1655.

1607

Razeti (Imbert), d'Avignon.

Benigni (Louis), d'Arles.

Biord (Palamède), d'Arles.

Evêque (Scipion de l'), d'Aix ; seigneur de Saint-Etienne.

Cabanes (Balthazar de), de Marseille.

Blancheti (Balthazar), d'Avignon ; mort le 7 mai 1669. Agrégé.

Boutin (Jean-François), d'Avignon ; agrégé ; seigneur de St-Ange ; mort le 13 mars 1652.

Candole (Jacques-Garnier de), de Marseille ; seigneur de Saint-Juliens.

Coutel (Jean), d'Arles.

Cipriani (Balthazar), de Marseille; seigneur de Cabrières.

Estang (Esprit de l'), d'Arles ; seigneur de Parades.

Charpini (Jean), d'Apt.

Vias (Balthazar de), de Marseille.

Domitien (Pierre), de Paris ; doyen de l'ordre de Cluny.

Chevalier (Jean), d'Avignon.

Fossier (Jean), de Marseille.

1608

Laurents (Jérome des), d'Avignon, fils de François ; agrégé.

Laurents (Barthélemy des), frère du précédent ; agrégé.

Bellon (François), d'Avignon ; fils de François ; agrégé.

Bellon (Pierre), d'Avignon ; frère du précédent ; agrégé.

Novarins (André-René de), agrégé.

Gay (Thomas de), d'Avignon ; fils de Jean ; mort le 30 octobre 1676 ; agrégé ; seigneur de St-Gabriel.

Serre (François), d'Avignon ; chanoine de la métropole.

Tonduti (Antoine), d'Avignon, fils de Pierre ; agrégé ; primicier en 1638.

Ferroni (Charles), de Vienne.

Perrellus (Gilles), d'Avignon.

Romain (René), de St-Maximin.

Mazotti (Jean), de Tarascon.

Sallières (Elzear de), de Visan, diocèse de Vaison ; agrégé en 1611.

Gantès (Antoine), d'Aix.

Barras (Pompée de), de Digne ; seigneur de la Robine.

Trinquier (Bertrand), de Nice.

1609

Oddo (François-Marie), d'Aubignan, diocèse de Carpentras.

Coste (Honoré), de St-Tropez, diocèse de Frejus.

Robert (Arnaud), du diocèse d'Arles.

Aubert (Jean), d'Avignon.

Petra (Esprit de), du diocèse d'Aix.

Gaud (Charles), de Pertuis.

Raysse (Guillaume), du Sablet, diocèse de Vaison.

Robatu (François), d'Arles.

Cambis (Claude de), de Toulon.

Pichoni (Pierre), de Pernes.

Crozet (Louis), d'Avignon, mort le 24 juin 1624 ; agrégé ; comte aux Loix. = *Orationes paranymphicæ.*

1610

Portalis (Valentin), de l'Isle.

Tonduti (Pierre Pelegrin), d'Avignon, fils de Raymond ; mort le 15 avril 1572 ; agrégé ; pénitencier de la métropole ; primicier en 1629, 1636 et 1652.

Ferrier (Charles-François), d'Arles.

Anelli (Pierre), de Souliers.

Bastide (François de la), du Buix, diocèse de Vaison.

Guilhiers (Veran), d'Avignon.

Maudini (Antoine), de Marseille.

Moyroux (François), *Moyrosius*, d'Avignon ; agrégé.

Isoire (François).

Alby (François-Marie), d'Avignon.

Chauvin (Laurent), de Digne.

Meaulx (Jean de), de Marseille.

Siffredi (Joseph), d'Avignon ; agrégé ; mort le 23 juillet 1662.

Aqueria (Pierre d'), d'Avignon. fils de Rostaing ; agrégé.

Forton (Antoine), de Beaucaire.

Autran (Pierre), d'Arles.

Joannis (Jean-Michel), d'Avignon, fils d'Elzéar ; agrégé.

Bousquet (François), de Toulon.

Jouffret (Claude), du diocèse de Besançon.

Vigier (Jacques), de Beaucaire.

Ferrier (Paul-Antoine), d'Avignon.

Panisses (Laurent de), d'Avignon.

1611

Queyssoli (François).

Raire (Jean-André du), d'Avignon.

Magnati (Henri), d'Avignon ; fils de François ; agrégé.

Novarins (Gaspard), d'Avignon ; agrégé.

Rodes (Jean de) d'Avignon ; agrégé.

Barrier (Antoine), d'Avignon ; agrégé.

Teste (Gabriel), de Pernes ; agrégé.

Rostagni (Pierre).

Magneti (Pierre), d'Avignon ; agrégé.

Chagneux (Louis).

Antoines (Claude des).

Poltretus (Elie).

Arnoulx (Pierre d').

Rouvillian (Jean-Louis de).

Fabri (Louis).

Martin (Jean).

Constantin (François).

Eginard (Jean-Bernard).

Escoffier (Augustin).

Gautier (Joseph), d'Avignon ; fils de François ; agrégé.

1612

Beau (Pierre), d'Avignon ; mort le 3 mars 1667 ; agrégé.

Cheylan (Pierre de).

Audibert (Raymond), d'Avignon ; agrégé.

Cabanes (Jean de).

Tison (Jean-Arnaud).

Sainte-Croix (Jean de), seigneur du Bourget.

Cottier (Guillaume).

Bresillet (Claude).

Bally (Pierre).

Donis (Hugon de), d'Aix.

Tillard (François).

Damian (Jean), d'Avignon.

Bormond (Pierre de), de Marseille.

Sillans (Gaspard de), de Frejus.

Benoit (Sébastien), d'Avignon.

Favier (François).

Payen (Jean), d'Avignon, frère de Pierre ; conseiller d'Orange ; primicier en 1650.

1613

Seguins (Nicolas des), de Carpentras, seigneur de Flassan.

Villeneuve (Honoré de), d'Aix, fils de Thomas ; seigneur de Thorène.

Dubois (Pierre).

Foresta (Jean-Augustin de), de Marseille.

Miellet (Esprit).

Dagut (Jean-Barthélemy).

Barressi (Charles), d'Avignon, fils de Gaspard.

Bermond (Jean de), coseigneur de Vachères.

Blancheti (François), d'Avignon, fils de Jean, frère de Jean-Baptiste ; décédé le 29 octobre 1669 ; agrégé.

Guinard (Pierre), de l'Isle.

Silvestre (Antoine), d'Avignon.

Bugier (Louis de), de Cavaillon.

Bugier (Jacques de), frère du précédent.

Calvet (André), d'Avignon.

Chayne (Batius).

1614

Sissoyne (Pierre de), d'Avignon, fils de Sébastien ; agrégé.

Pelard (Mathieu).

Robie (Guillaume de).

Cauton (François de).

Bordini (Pierre).

Bolliers (François de).

Baud (Siméon), d'Avignon, fils de Claude.

Michel (Charles), d'Avignon, fils de Claude ; prêtre ; agrégé ; mort en mars 1675.

Guyon (Louis), d'Avignon, fils de Pierre ; agrégé.

Félix (Nicolas de), de Marseille.

Bausset (Antoine de).

Crivelli (Bernardin), d'Avignon.

1615

Thomas (Jean), de Bedoin, diocèse de Carpentras.

Furier (Jacques) d'Avignon.

Crivelli (Barthélemy), né à Avignon ; docteur de Toulouse ; agrégé ; comte palatin ; mort le 16 janvier 1666.

Raysse (Gaspard), de Vaison ; agrégé ; mort le 29 août 1654.

Grossi (Louis), d'Avignon.

Centenier (Paul de), de Pernes.

Charbet (Laurent).

Louvaney (Antoine), d'Avignon ; agrégé.

Bezil (Claude-Antoine).

Bernagoot (Pierre).

Blégier (Jean), de Carpentras.

Via (Antoine de).

Desmarets (Gaspard), d'Avignon.

Guillelmy (Jean-Baptiste), de Carpentras.

Chapuis (Pierre), de Valreas, diocèse de Vaison.

Very (Jérome de), de Carpentras.

Corbières (Charles de).

1616

Guinard (Annet), de l'Isle.

Ribot (Honoré).

Mercier (Antoine).

Humbert (Antoine).

Beau (Georges de), ou **Bellis**, fils de Gabriel, d'Avignon, seigneur de Roaix ; agrégé.

Saudrau (Pierre), d'Avignon.

Louis (Pierre), d'Arles.

Corbier (Alexandre).

Savin (Jean), d'Avignon ; assesseur en 1643 et 1659.

Lenoir (Marc).

Sabatier (François de), d'Arles ; agrégé.

Barralier (Claude-Philippe de).

Martin (Pierre).

Mottet (Bernard).

Altoviti (Jacques de).

Sauvage (Antoine).

Astier (Charles).

Jullian (Esprit).

1617

Ballon (Gaspard de).

Bori (Léonard).

Ferrand (Louis).

Monard de Vautret (Jean), d'Avignon ; D-U-J. agrégé, juge perpétuel des Gabelles. = *De inclytâ civitate avenionensi. Av. Jean Piot 1636. — Relation véritable du foudre qui tomba dans l'église Saint-Martin d'Avignon le 29 août 1650. Av. 1650. J. Bramereau.*

Payen (Louis), d'Avignon, fils de Pierre, conseiller d'Orange ; agrégé.

Esberard (Jean-Baptiste).

Duranti (Joseph).

Savin (Joseph).

Perrier (Jean de).

Sibour (Etienne), du diocèse de Vaison.

Doms (Jean de), seigneur de Mimet, près d'Aix.

Lagarde (Isoard de).

1618

André (Jean).

Chayne (Jean).

Pertuis (Pierre), d'Avignon.

Gay (Antoine de), d'Avignon ; agrégé; mort le 16 décembre 1677.

Gay (Jean de), d'Avignon ; agrégé ; mort le 7 novembre 1688.

Suarès (Joseph-Marie), famille originaire de Cordoue (Espagne), né à Avignon le 5 juillet 1599, fils de Joseph et de Jeanne de Pol-St-Tronquet. Bibliothécaire de F. Barberin à Rome ; évêque de Vaison le 8 juin 1633 ; se démit de l'épiscopat le 17 mars 1666 ; fut placé à la tête de la bibliothèque du Vatican ; mourut à Rome le 7 décembre 1677 et fut enseveli dans l'Eglise St-Pierre. Barjavel donne la liste complète de ses nombreuses productions, manuscrites ou imprimées.

Joannis (Gabriel), d'Avignon, fils de Melchior Jacques ; agrégé.

Vullet (Humbert).

Teissier (Marc-Antoine).

Peyroardi (Pierre).

1619

Raoulx (Jean-François).

Guyon (Pierre), d'Avignon, fils de Pierre ; agrégé ; chanoine de la métropole, recteur du collège St-Nicolas; mort le 28 avril 1663.

Aqueria (Thomas de), d'Avignon, fils de Rostaing ; agrégé.

Ollier (Claude).

Busson (Antoine de).

Coppeau (Balthazar).

Choisit (Antoine).

Bus (Melchior de), d'Avignon, fils d'Hercule ; agrégé ; mort le 14 novembre 1667.

Topis (Georges), d'Avignon.

Duranti (Jérome).

Vincent (Balthazar de), du Buix.

Foca (Jean-Pierre).

Vincent (Gaspard de), seigneur du Buix.

Riport (Jean).

Barrème (Pierre), de Tarascon.

Saxy (Pierre), d'Arles.

Aymard (Pierre d'), de Chateaurenard.

Laguerre (Bernard de).

Soarras (Sébastien), de Bedarrides.

Beau (Hector), fils de Gabriel.

1620

Bastide (Charles de La).

Prosin (Pierre-Girard de), de Toulon.

Margaret (Pierre de).

Tonduti (Elzéar), d'Avignon.

Sylvestre (Simon), fils de Claude, né à Avignon, seigneur de Marignane ; agrégé ; assesseur en 1637.

Raymonis (Antoine).

Deidier (François).

1621

Montagut (Jean-Baptiste de), d'Avignon.

Foresta (Antoine de), de Marseille.

Roure (Jerome du).

Chabaud (Pierre).

Crespin (Charles-Marin).

Albertas (Sébastien d'), de Marseille ; seigneur de Gemenos.

Delaty (Jean).

Barbeirassieu (Antoine).

Palmier (Jean-Etienne).

Brignan (Jacques), du diocèse d'Uzès.

1622

Bouchard (Claude), d'Avignon.

Honoraty (François d'), d'Avignon, fils de Pierre Honoraty, notaire ; agrégé en 1643 ; seigneur de Jonquerettes ; greffier de l'inquisition ; mort le 12 novembre 1667.

Piolenc (Antoine de), du St-Esprit, diocèse d'Uzès.

Jacques (François), d'Avignon.

Vallette (Jean), procureur royal de Nîmes.

Mallioni (Jean).

Valbelle (Antoine de), de Marseille.

Begue (Barthélemy de).

Giroselli (Gabriel).

Laurents (Georges des), né à Avignon le 12 juin 1601, fils de Jean ; agrégé ; se fit calviniste.

Laurents (Henri des), fils de Jean : seigneur de l'Olive, auditeur de Rote ; mort le 14 décembre 1669. Il fut primicier en 1644 et 1655 ; lieutenant-général et auditeur de la Légation d'Avignon en 1664 et 1665.

Pinocelli (Jean).

Beausset (Pierre de).

Gay (Pierre-Antoine de), d'Avignon ; D. U. J.

Tambard (Sigismond).

Felix (Raynaud).

1623

Fabri (Simon de).

André (Pierre).

Gente (Gilles).

Sobiras (Esprit de), de Carpentras, fils de Giraud.

Villardi (Jean), d'Avignon, fils de Jacques.

Blégiers (Esprit de), né à Carpentras, de la branche des seigneurs d'Antelon, dite des marquis de Taulignan. Premier consul de Carpentras en 1628 et 1634, et deuxième consul en 1641 et 1649. Cette famille est originaire de Vaison, où le nom de Blégiers est connu depuis 1253.

Pigo (Esprit de), de Carpentras.

Rolland (Hubert).

Cotel (Charles), d'Arles, fils de Jean.

Tillia (Esprit de), de Carpentras.

Pertuis de St-Amant (Jean-Michel), d'Avignon ; fils de Barthélemy et de Marie Delesvier ; agrégé ; mort le 18 décembre 1689.

Gouzo (Gabriel-Etienne de), de Marseille.

Tulle (Pierre de), d'Avignon, fils de Pierre ; agrégé ; procureur général.

1624

Jossaud (Jean).

Guilleboniis (Pierre-Louis de), de Mazan.

Figurat (Esprit).

Inguimberti (César), de Carpentras.

Faber (Jean), ou Fabry, de Carpentras.

Baculard (Jean), de Pernes.

Armands (Jean-Nicolas des), de Pernes.

Mot (Raymond de), de Carpentras.

Ruffus (Pierre), du Buix.

Mascarron (Pierre-Antoine de).

Penotier (Louis-Regis de).

Genet (Ferrand), du Pont-de-Sorgues.

Hugues (Adam).

Pandrau (Antoine), d'Avignon.

Inguimberti (Thomas), de Carpentras.

Benoit (Autoine).

Aillaud (Alexis).

Baumon (Louis), d'Avignon.

Desmaretz (Barthélemy), d'Avignon,

Labeau (François de), d'Avignon, fils de Laurent; avocat et procureur général de la légation; agrégé. (Dans son baccalauréat il est dit Franciscus a La Beone-Berardus).

Seyne (Pierre).

Jacques (Pierre), d'Avignon.

Torce (Pierre), de Cavaillon.

1625

Lafont (Pierre de).

Forneri (Pierre), de Carpentras.

Boneti (Pierre), de Valreas.

Crotta (Jean).

Bonnefoi (Jean).

Nicolaï (Louis), d'Arles.

Bugnot (Claude).

Laurents (Antoine des), d'Avignon, fils de Jean; agrégé; mort le 15 février 1682.

Saissy (Honoré).

Félix (Henri), d'Avignon, fils de François; agrégé; mort le 29 septembre 1679.

Guyon (Henri), d'Avignon, fils de Pierre; agrégé.

1626

Ripa (Jerome Sannazar de), de Cavaillon.

Beleri (Antoine).

Jacomin (Esprit), de Bedoin.

Saint-Genies (Jean de), né à Avignon le 13 septembre 1607, fils d'Honoré; agrégé; mort à Orange, où il était chanoine, le 25 juin 1663. = *Joannis Sangenesii poemata. Paris, Augustin Courbe, 1654.*

Louvaney (Louis), d'Avignon.

Calvet (Jean), d'Avignon.

Baud (Jean), d'Avignon.

Blanc (Henri de), de l'Isle; co-seigneur de Venasque et de St-Didier.

Garcin (Barthélemy).

Pignier (Christophe).

Jossaud (Jean-Simon).

Garcin (Louis), d'Avignon, fils de Jean; agrégé.

Benoit (Louis), d'Avignon, fils de François; agrégé. Il fut l'un des membres fondateurs de l'académie des Emulateurs établie à Avignon en 1658, sous les auspices du vice-legat Jean Nicolas Conti (Consulter l'histoire de l'Académie des Emulateurs par le Dr Laval, bulletin historique de Vaucluse, 1re année, avec notice sur Benoit Louis, son oraison funèbre par de Laffont, ses épitaphes en latin et en français, etc.)

Ribère (Henri), d'Aix, fils

d'Henri ; seigneur de Cadenières ; mort le 23 février 1668.

Vallier (Pierre).

Suarès (François), d'Avignon, fils de Joseph ; agrégé ; nommé auditeur de rote le 12 août 1627 ; seigneur d'Aulan et du Pouet.

Geoffier (Paul-Antoine).

Pein (Antoine).

Blegiers (Louis de), de Vaison, seigneur de Champferrand ; de la branche des seigneurs de Pierregrosse cadette de celle des seigneurs d'Antelon dite des marquis de Vaulignan. Il fut assassiné à Vaison en 1629.

Sade (Richard de), d'Avignon ; nommé Evêque de Cavaillon le 13 mai 1660, mort à Rome le 25 juin 1663.

1627

Argenti (François).

Lafont (Antoine de).

Bauvois (Paul de), de Carpentras.

Bernard (Claude).

Gazeli (Jean-Marie).

Robert (Henri), de Manosque, diocèse de Sisteron.

Beau (François), ou **Belli**, d'Avignon.

Fauchier (Joachim), de Bollène.

Grivel (Christophe), du diocèse de Besançon.

Franconi (Pierre), d'Arles.

Chapuy (Claude).

Couvet (Hector).

Payen (Jérome), d'Avignon, fils d'André ; agrégé.

Gayans (François de).

Duvaux (Guillaume).

Duclaux (Martin).

Blancheti (Charles), d'Avignon, fils de Jean-Baptiste ; agrégé ; mort le 25 septembre 1660.

Juliani (Benoit-Julien), d'Avignon.

Juliani (François), frère du précédent.

Firmineau (Henri).

Varie (Pierre de).

Desanobis (Jean-Ange), d'Avignon.

Puget (Louis de), d'Aix ; seigneur de Turcat.

1628

Perrody (Michel).

Folard (François), d'Avignon ; agrégé ; mort le 23 janvier 1672.

Martin de Saint-Rème (Jérome), d'Avignon, fils de François ; marié à D[lle] Jeanne de Cartier ; agrégé ; mort le 12 mars 1664. = *Innocentius decimus, natalibus magnus, virtutibus major, pontificatu maximus, oratio ab. D. Hieronimo de S-Rème. Av. 1644. in-4.*

Ferrier (Louis), d'Avignon ; assesseur en 1646.

Thevenet (Jean), d'Avignon, fils de Jean ; assesseur en 1650.

Ribère (Michel), d'Avignon,

fils de Loup, docteur en médecine, agrégé ; mort le 20 août 1685.

Boraud (Jacques).

Bouchard (Henri), d'Avignon.

Salvan (François de), d'Avignon.

Portavier (Claude).

Gualteri (François), d'Avignon.

Salette (Joseph).

Brès (André de).

Laugier (Jean-Baptiste).

Bonacuosi (Hyacinthe).

Guiberti (Pierre).

Assy (Guillaume).

Bostet (Claude), de Moustiers, diocèse de Riez.

Bonet (Etienne), de Valreas.

Valence (François de), d'Avignon, fils de Charles ; agrégé.

Magnand (Pierre).

Porcelet (Antoine de), de Beaucaire.

Clément (Edouard).

1629

Benoit (Antoine).

Calvière (Charles de), de Nimes.

Cassagne (Amédée), d'Avignon.

Givaudon (Charles de).

Sabatier (Esprit de), né à Oppède. =. *Le caducée Français sur la ville d'Avignon, Comté Venaissin et Principauté d'Orange. Av. 1662. Brochure de 52 pages.*

Giraud (Jean).

Molleti (Antoine).

Duclos (Barthélemy).

Magnati (Alexandre), d'Avignon.

1630

Cavet (Jean), de Carpentras.

Thomassin (François de), d'Aix.

Cohorn (Claude de), *Cohornes*, docteur de Valence ; agrégé en 1630 ; assesseur en 1639. — En 1474, Cohorn Pierre, chambellan et général des troupes de Christian Ier, roi de Danemarck, se retira auprès de Julien de la Rovère, archevêque d'Avignon, et fut la tige de la branche des Cohorn qui s'établit dans le comtat.

Roure (Denis du), d'Avignon ; auditeur de Rote.

Sarpillon (Denis), agrégé ; nommé auditeur de Rote le 18 juin 1657 ; assesseur en 1649 et 1656 ; mort le 22 novembre 1676.

Sarpillon (Georges), d'Avignon, fils de Gilles ; agrégé ; mort le 6 mars 1684.

Baculard (Paul), de Carpentras.

Beau (Jean), ou **Belli**, d'Avignon.

Deslandes (François-Michel), d'Avignon ; agrégé ; mort à Villeneuve-les-Avignon, le 15 avril 1665.

Novarins (Gabriel de), d'Avignon, fils d'André René ; agrégé.

Suarès (Louis-Marie de), né à Avignon en 1611, fils de Joseph ; agrégé ; protonotaire apostolique, consulteur du St-Office ; prévot de N.-D. des Doms et grand vicaire ; mort le 15 septembre 1673.

Gonet (Antoine), d'Avignon, fils de Gilles ; D. U. J. ; agrégé.

1631

Bourg (Jean de).

Bonet (Esprit), de Valréas.

Hugues (Claude d'), d'Avignon.

Gilles (Edouard), du diocèse d'Uzès.

Roux (Balthazar), seigneur de Feissal.

Felix (François), d'Avignon.

Fort (Pierre), d'Avignon.

Tillia (Esprit de), de Carpentras.

Bairoux (Jean-Baptiste du), de Caromb.

Ricaud (Henri).

Ruffi (Louis), d'Avignon, fils de François ; agrégé.

Eymenier (Jacques), d'Avignon.

Sinetty (François), d'Avignon.

Siffredy (Elzear), d'Avignon ; archidiacre d'Orange.

André (Jerome).

Porcelet (Pierre de), d'Arles.

Terrin (Callixte).

Garcin (Théodore), d'Avignon, fils de Jean ; frère de Louis ; mort le 27 avril 1659.

Ferrier (Etienne), de Valreas.

Grimaud (Charles), d'Aix, seigneur de St-Martin de Regusse et de Villeneuve de Cotelas.

Vedeau (Gabriel), d'Avignon, fils de Barthelemy ; agrégé ; primicier en 1663 ; mort le 3 janvier 1688.

1632

Delonge (Jean-Baptiste).

Tacot (Pierre-Jean).

Autran (Esprit d').

André (Balthazar).

Nicon (Pierre de), de Carpentras.

Mathei (Jean-Roger), de Carpentras.

Truc (Alexandre), de Cavaillon.

Raynaudi (Christophe).

Rebuti (Jean-François).

Mollier (Bernard).

Barrossi (Esprit-Pierre), d'Avignon.

Saxis (Pierre), d'Arles.

Mollié (François de).

Barrel (Guillaume), de St-Remy, ancien diocèse d'Avignon, aujourd'hui de l'arrondissement d'Arles.

Granet (Jean).

Pascalis (François).

Duclaux (Etienne).

1633

Drac (Denis).

Ubaldini (Emmanuel).

Ferrier (Simon-Mathias), d'Avignon.

Beaufils (André).

Suarès (Henri), d'Avignon, fils d'Henri ; agrégé ; mort le 12 août 1664.

Silvi (Guillaume).

Grena (Gaspard).

Fay de Peraud (Gédéon) ou **Fay-Perrault** (Voir l'histoire de l'Académie des Emulateurs par le Dr Laval, 1re année du Bulletin historique de Vaucluse).

Bezardi (Honoré), d'Avignon ;

Roberti (François).

Bruni (Antoine).

Benoit (Claude), d'Avignon, fils de François ; assesseur en 1642 et 1652.

Taval (Antoine).

Ferriolis (Charles), de Cavaillon ; coseigneur de Venasque et St-Didier.

1634

Bonardel (Etienne).

Salvador (Jean-François de), d'Avignon, fils de Pierre-Joseph ; nommé auditeur de rote le 22 mai 1643 ; mort le 19 février 1702.

Arasi (Antoine).

Robie (Honoré).

Félix (Henri), d'Avignon, fils d'Henri, docteur en médecine.

Botoni (André).

Seguins (Jean-Barnier des), d'Avignon.

Laurents (Jean des), d'Avignon.

Pallus (Bernardin).

Silvestre (Jacques), d'Avignon.

Philonardi (Marcel), de Rome, neveu de Maris, archevêque d'Avignon.

Augier (Esprit-François d'), de Carpentras.

Guillelmy (Noël), de Cavaillon.

Dupuy (Louis).

Florans (Jean-Emmanuel), né à Carpentras en 1616, fils de Jacques et de Madeleine d'Allemand ; député en 1663 par les Etats du Vanaissin vers Louis XIV. Il contribua au traité de paix entre les Venitiens et le grand Duc de Toscane.

Barthoquin (Thomas), de Carpentras.

Anglesi (Victor), d'Avignon ; fils de Gaspard ; agrégé ; mort le 31 mars 1677.

Joannis (Antoine), de Malaucene.

Brodune (Pierre-Antoine de), d'Avignon ; agrégé en 1654, mort le 25 mars 1664.

Laurents (Louis des), d'Avignon, fils de Jean ; agrégé ; mort à Paris en 1665.

Dupuy (Simon).

Riffard (André de).

Genet (Paul), d'Avignon, fils de Gilles ; agrégé ; mort le 31 mars 1666.

1635

Carvat (Paul-Antoine), d'Avignon.

Camaret (Gabriel de), de Caromb.

Payen (Antoine-François), né à Avignon, fils d'André, mort le 28 avril 1681. Comte-es-loix, juge ordinaire de la cour temporelle de St-Pierre, il professa pendant 20 ans la jurisprudence civile à Avignon. Il se livra à l'étude de l'astronomie et fut en relation avec tous les savants de l'époque. Il institua l'académie dite des Bartholistes : = *Prodromus justinianeus historiaque juris chronologica. — Paris 1666.* = *Brevis et methodica utriusque juris epitome ad majorem philonomorum utilitatem. Av. Offray 1678.* = *Jurisprudentiæ propylæum ad historiam et chronologiam juris canonici et civilis œconomiam et ordinem, Av. Offray. 1685, in-12. — Testimonium adversus Gersonistas triplex. Paris, Sébastien et Gabriel Cramoisy 1652 in-8.*

Flour (André).

Boutin (Jean-François de) de Cavaillon.

Taon (Jean-Etienne).

Lanciany (Jean-Baptiste), de Carpentras.

Cormis (Charles de), d'Aix.

Bouche (Jean-Pierre).

Barbier (Antoine-Laurent), d'Avignon ; assesseur en 1647 et 1653.

Castillon (Nicolas de).

Costière (Claude de la), de Carpentras.

Verot (Paul-Charles de), de Carpentras.

Beraud (Pelegrin).

Mastini (Jean-Michel de).

Borrelli (Jacques - Laurent), d'Avignon.

Bassinet (Jean), d'Avignon ; assesseur en 1665 et 1666.

Borrelli (Marc-Antoine), d'Avignon.

1636

Custi (Thomas).

Vouland (Pierre).

Tache (François), d'Avignon, fils d'Antoine ; agrégé ; registrateur des Bulles ; comte palatin, mort le 21 février 1702.

Vervins (Claude de), de Bedoin.

Gérard (Louis de).

Bérard (Pierre), d'Avignon.

Martin de St-Rème (Gaspard), d'Avignon, fils de François ; agrégé.

Inguimberti (Jean - Baptiste). de Carpentras.

Beau (Louis), d'Avignon, fils de Jean ; agrégé.

Fressieux (Léon de).

Cavet (Jacques), de Carpentras.

Gollier (Ange), d'Orgon, diocèse d'Avignon. = *Jurisprudentiæ matrimonium. Av. 1674.*

Gachet (Joseph-Vincent).

Vincens de Propiac (Joseph de), de Pernes.

Masse (Pierre).

Benoit (César de), d'Avignon ; agrégé en 1654 ; mort le 27 novembre 1685.

Juliani (Paul), d'Avignon.

Juliani (Antoine), frère du précédent.

Montanier (Laurent).

Ozol (Honoré d').

Buffevan (Abel de), seigneur de Mallesole, Tuffière et Champoneux.

Fort (Louis), d'Avignon.

Honorati (Daniel d'), d'Avignon, fils de Pierre, notaire et greffier ; agrégé en 1654.

Peyroardi (Henri), d'Avignon.

Charles (Melchior-Jacques), d'Avignon.

Raysse (Octavien), d'Avignon, fils de Gaspard ; agrégé ; mort en décembre 1696.

Delbène (François), d'Avignon, fils de Pierre ; agrégé ; mort le 2 janvier 1680.

1637

Foresta (Charles de), de Marseille, fils du baron de Collongue et d'Avenel.

Fantin (François).

Robert (Jean-Rogier), de Sablet, diocèse de Vaison.

Autran (Jean).

Chalamon (Pierre).

Suarès (Charles-Joseph), d'Avignon, fils de Joseph ; agrégé ; évêque de Vaison en 1667.

Maiffredi (Philippe).

Barressi (François-Charles), d'Avignon, fils de Charles.

Delourme (Nicolas).

Raynaud (Marc-Antoine).

Geoffroy (Pierre de), de Bonnieux, diocèse d'Apt.

Avène (Robert).

Barbier (François-Antoine), de Carpentras, seigneur de Valaisses.

Escoffier (Jean-François), de Sarrians, diocèse d'Orange.

Sylvestre (François), d'Avignon, fils de Claude ; agrégé ; assesseur en 1661, 1667 et 1673 ; mort le 17 octobre 1690.

1638

Laugier (Charles).

Avignon (Jean).

Bouvard (Bernard).

Bessoni (Guillaume).

Guyon (Hercule), de Carpentras.

Servan (Charles de), Carpentras.

Bremond (Jean), de Beaucaire.

Baculard (Pierre de), de Carpentras, seigneur de St-Hilaire.

Laurents (François des), d'Avignon, fils de Jerome ; agrégé.

Bricard (Henri de).

Bestet (Rostaing), de Tarascon, diocèse d'Avignon.

Humili (Gabriel d'), seigneur d'Humili.

Marin (Annibal de), seigneur de St-Michel.

Durand (Sextius des), d'Aix.

Salis (Antoine), d'Avignon.

Hugues (André d'), d'Avignon.

Chauvet (François).

Crest (Pierre de).

Carmejane (Simon), d'Avignon.

1639

Gleise (Gaspard-Louis de).

Fortia (Louis de), d'Avignon ; fut évêque de Cavaillon et ensuite de Carpentras.

Antelme (Jacques d').

Portuis (Daniel), d'Avignon.

Tonduti (Melchior), d'Avignon, fils de Pierre-François, seigneur de St-Léger ; agrégé ; pénitencier de la métropole ; primicier en 1656 ; mort le 1er septembre 1679.

Fabry (François), d'Avignon ; agrégé ; mort en 1681.

Salière (Loup), d'Avignon, fils d'Elzéar ; agrégé ; mort le 12 février 1703.

Teste (Claude), d'Avignon, fils de Gabriel ; docteur de Valence ; agrégé ; fut assesseur en 1674.

Blanc (Charles), de Bonnieux.

Baussot (Nicolas de).

Pusque (Pierre-François), d'Avignon.

Masse (François).

Jacques (Pierre), d'Avignon.

Vivet (Louis), d'Avignon.

Guerdon (Jean-François).

Isnards (Paul des), d'Avignon, seigneur des Tourrettes) et de la Canaux.

Poitret (François).

Ribiers (Sébastien de), d'Avignon, fils d'Esprit ; agrégé ; mort le 4 décembre 1692.

Buttet (Jean-Antoine).

Raoux (René de), d'Avignon, fils de Simon.

Linsolas (Louis), d'Avignon.

Dalbenne (Charles-François), d'Avignon.

Augier (François d'), de Carpentras.

Ribère (Louis), d'Avignon.

Vaudène (Paul-Antoine de).

Crozet (Gabriel-Marie), d'Avignon, fils de Louis ; agrégé ; mort le 13 septembre 1699.

1640

Bresson (Pierre).

Million (Henri).

Berards (Claude des).

Doucette (Maurice).

Castanea (Claude).

Ricaud (Jean).

Siffredi (Pierre-Joseph), d'Avignon, fils de Joseph ; comte palatin ; agrégé ; viguier de Mornas ; mort le 31 juin 1693.

Leblanc (Jacques).

Petiti (Jean-Antoine).

Flocard (Claude).

Doms (Pierre de).

Rousset (Antoine de), d'Avignon.

1641

Florent (Jérome-François), de Carpentras.

Brancas (Toussaint de), de Forcalquier, seigneur de Céreste, du diocèse d'Apt.

Calvet (François-Sébastien), d'Avignon, fils d'Esprit ; agrégé.

Cassagne (Jean-Ignace de), de Nimes.

Pluvina (Pierre de), d'Avignon, seigneur de Castillargue.

Pelotier (Maurice), de Carpentras, fils d'un dentiste.

Gratte (Claude).

Tonduti (Pélegrin), d'Avignon, fils de Jean-Baptiste ; agrégé.

Gavoutte (Balthazar).

Clapier (Henri).

Tonduti (Thomas), d'Avignon, fils d'Antoine ; agrégé ; juge de St-Pierre en 1662 ; mort à Chambéry en mars 1690.

Chaud (Laurent), de Villers, diocèse de Carpentras.

Cazal (Joseph-François de), des Baumes, diocèse d'Orange ; assesseur en 1663 ; mort le 9 décembre 1663.

Santilberra (Jean-Baptiste).

Jacomelli (Joseph-Benoit).

Guillelmis (Esprit de), de Mazan.

Issoire (Louis), d'Avignon.

Issoire (François), d'Avignon.

Joussaud (Louis de).

Bellon (Paul), d'Orange.

Bruges (Antoine de), de Valabrègues, diocèse d'Uzès.

Gilles (Claude).

Barralier (Michel).

Barthélemy (François), d'Avignon ; agrégé ; fut assesseur en 1654, 1660 et 1671.

Vallier (Claude).

Voulan (Jean), fils de Pierre.

Raysse (Jean-Charles), de Sublet, diocèse de Vaison.

Barthalot (Berthol).

1642

Gabriac (Antoine-Hercule de), de Mende, seigneur de Tignac.

Crozet (Benoit), d'Avignon ; agrégé ; mort le 7 janvier 1662.

Faure (François), d'Avignon, fils de Toussaint ; agrégé ; mort le 12 mai 1676.

Guyon (Pierre), d'Avignon, fils de Louis, mort le 20 février 1694.

Anglesy (André), d'Avignon, chanoine.

Anglesy (François), d'Avignon.

Sauvaty (Guillaume).

Pusque (André), d'Avignon.

Avena (Jean-Baptiste).

Bonadona (Jean-Baptiste), de Carpentras.

Aureau (Jean-Pierre d'), de Monteux, diocèse de Carpentras.

Prisis (André de), de l'Isle, ancien diocèse de Cavaillon ; fils de Jean, médecin du roi, et de demoiselle de Guast ; seigneur de la Foulquette.

Sarde (Louis).

Tiollier (Guillaume-Philibert).

Ripert (François), de St-Saturnin d'Apt, fils de Jean et de Suzanne de Belli.

Paul (François de), de Salon.

Millani (Paris de), de Salon.

Honorati (François), d'Avignon, fils de Pierre ; agrégé ; juge de St-Pierre en 1664 ; mort le 12 novembre 1667.

Flandria (Esprit-François de).

Cravesta (Charles-Aimé), de Gênes ; comte de Villeneuve.

1643

Sappini (Jean-Baptiste).

Gavassi (Pierre).

Barrème (Louis de), de Tarascon.

Fromont (Gabriel de).

Raysso (François-Marie de), d'Avignon, fils de Gaspard; ecclésiastique; agrégé; mort le 17 février 1704.

Joannis (François-Marie), d'Avignon.

Léotard (Joseph).

Veyrier (François-Fulgence).

Theyre (Georges de), seigneur d'Arbusigny.

Varin (Jean-Baptiste), gouverneur de Besançon.

Félix (Claude), d'Avignon.

Varin (Charles-François de), seigneur de Bonay.

Martinon (Elzéar de).

Chevillard (Etienne).

Cochet (Théodore).

Robert (Pierre), d'Avignon; assesseur en 1664 et 1672.

Doucette (Annibal).

Arnaud (Elzéar), d'Avignon, fils de Pierre.

Genot (Claude-François), d'Avignon.

Mulot (Antoine).

Chiavorri (Robert de), d'Arles.

Arnaud (Claude).

Brillecanaux (Charles).

Dedon (Jean).

Malassier (Melchior).

1644

Anastasi (Claude), de Villeneuve-les-Avignon, seigneur de Bonabry.

Lombard (Scipion), seigneur de Trouillas.

Lardorat (Jean-Antoine), d'Avignon.

Peyrani (Charles).

Crozet (Jean), d'Avignon, agrégé.

Moneri (Joseph), de Vénasque.

Lapierre (Amédée).

Nicolai (Antoine de), d'Arles, fils d'Antoine.

Tourreau (Paul-François), d'Avignon.

Beau (Thomas), d'Avignon, fils de Pierre; agrégé; mort le 2 octobre 1654.

Bedarrides (Garpard de), d'Avignon.

Dubois (Nicolas), d'Arles, fils de Jean.

Griffeuille (Jacques).

Grange (Elzéar).

Louis (Jacob).

Vincens (Maurice).

Cotel (François).

Amphoux (Guillaume d'), deuxième commandant de la marine en Provence.

Duret (Jacques), de Villeneuve-les-Avignon.

Félix (Louis), d'Avignon, fils de François; chanoine de Cavaillon; agrégé; mort le 26 juin 1694.

Mathol (Jérome), de Carpentras.

Carichon (Jean), de l'Isle.

Potit (Juste-Ignace).

Payon (Pierre), d'Avignon, fils d'André; agrégé; primicier en 1658; mort le 25 janvier 1700.

Montfort (Jacques de), d'Arles.

Rostani (Ange de), de Carpentras.

1645

Demarotz (Louis), d'Avignon.

Gambaud (Jean-Auguste).

Bourdon (Rostan - Raymond), fils de Pierre.

Egliso (Charles-François de l'), comte de Tropi et Torrasse.

Chalamon (Louis).

Joannis (Louis de), d'Avignon.

Thomassis (François de), de Carpentras, seigneur de Valorne.

Autric de Ventimille (Guillaume d'), d'Apt, seigneur des Baumettes.

Nouveau (Claude), de Carpentras.

Bourgarol (François de), d'Apt, seigneur de Vachières.

Orcel (Jean-Joseph d'), d'Apt.

Castillon (Pierre de), d'Arles; seigneur de Beynes.

Duport (Gilles), d'Arles.

Jullion (Pierre).

Michaeli (Jean-Baptiste).

Massan (Hercule), de Mourmoiron, diocèse de Carpentras.

Ribert (François).

Astior (André), d'Avignon.

Douot (Augé).

Violon (Jean).

Vivot (Pierre), d'Avignon, chanoine de St-Agricol.

Forrior (Henri de), d'Avignon.

Fabry (Charles), d'Avignon.

Joannis (Alexandre de), de Carpentras.

1646

Roayx (Jean de), de Beaucaire.

Salvan (Alexandre de), d'Avignon, seigneur de Chenerilles.

Combot (Antoine).

Broz (Edouard).

Granot (Guillaume).

Blanchoti (Jean-Baptiste), d'Avignon, fils de Jean-Baptiste; seigneur de la Motte; agrégé; mort le 26 Janvier 1714.

Tortullo (Hector-Ignace de), d'Avignon; prévot de St-Didier.

Cazal (Fabrice de), d'Avignon.

Duvernay (Jean-François).

Laurents (Antoine-Balthazar des), d'Avignon, fils de Barthélemy; agrégé.

Robin (Paul), de Malaucène.

Virollos (Henri de).

Vias (Balthazar de).

Paul (Jean).

Collior (Jean).

Bonedono (Pierre-François de), de Carpentras.

Polissior (Vincent), de St-Chamas, diocèse d'Arles.

Bonadona (Jean-Raymond de), de Malemort, diocèse de Carpentras.

Allard (Louis d'), de Mozan, diocèse de Carpentras.

Cartier (Pierre de), d'Avignon ; agrégé.

1647

Adrechi (Jean-François).

Boniface (Louis).

Calvet (Antoine), de Villeneuve-les-Avignon, fils de Pierre ; mort le 17 novembre 1694. Il fut conseiller du roi et juge en la cour commune royale et ordinaire de Villeneuve. Il avait formé une riche bibliothèque dont le catalogue fut imprimé, et qui fut vendue par son fils Michel-Antoine.

Jardin (Louis), de Monteux.

Fournier (Philippe de), de Valreas, seigneur d'Aultane.

Cheylan (Paul de), d'Aix, seigneur de Mories et de Chastelet.

Isle (Antoine de l'), d'Aix.

Garnier (Hercule de), d'Aix.

Garnier (Pierre de), d'Aix.

Garnier (Esprit de), d'Aix, seigneur de Julhans.

Aucoussi (Antoine).

Silvecane (Henri de), d'Avignon.

Panissole (Jacques).

Saxi (Pierre-Louis), d'Arles.

Huet (Jean).

Lieutaud (Jean-Paris), d'Arles.

Royer (Jean-Baptiste), de Mombec, diocèse de Cavaillon ; seigneur de Châteauneuf.

Gay (Jean-François de), d'Avignon, fils de Jean ; agrégé ; mort le 27 novembre 1706.

Isoard (Gabriel-André), d'Avignon, fils de Gabriel ; agrégé ; mort le 15 février 1660, âgé de 39 ans.

Aymard (Claude).

Beauvoir (Jean-Baptiste de), de Carpentras.

Girardi (François).

Bosi (Laurent), fils de Jacques.

Bourgarel(François de),d'Apt ; seigneur de Vachières et du Colombier.

1648

Gueydon (Louis de).

Berenguier (Jean-François de), de Tarascon.

Mouran (Conrad).

Carcasse (Joseph).

Isnard (François d'), seigneur de la Riaille.

Cohorn (Joachim de), de Carpentras.

Charvet (Cherubin).

Cravesani (Honoré).

Delatour (Louis), de Cadenet.

Berenguier (Charles).

Granière (Ignace de la).

Ardouin (Charles).

Molard (Pierre).

Meiroux de Poinsard (Jean), d'Avignon, fils de François ; agrégé.

Crivelli (Jérôme), d'Avignon, fils de Balthazar ; agrégé ; mort en février 1688.

Carichon (Gabriel), de l'Isle.

Mongin (Jacques), d'Avignon.

1649

Cassagnes (Antoine des), de Nîmes, fils de Jacques.

Arbon (Pierre d').

Eyssautier (André), d'Avignon.

Sibour (May), d'Avignon.

Cazal (Jean-François), d'Avignon, fils de Jean-François.

Deleatre (Antoine), de Chateaurenard, seigneur de Canillac.

Robins (Paul-Antoine de), de Tarascon, coseigneur de Barbantane.

Brun (Jean-Félix de), de Nimes, seigneur de St-Chate.

Barressi (Charles-Louis), d'Avignon, fils de Charles, agrégé en 1654 ; fut juge de St-Pierre.

Ricard (François), de Toulon, fils d'Ange, seigneur de Tonstour.

Ruffi (Antoine), d'Avignon, fils de Balthazar ; fut greffier de l'archevêché, de la vice-gérence et de la légation ; agrégé ; assesseur en 1658, 1670, 1677, 1683, 1691 ; mort le 27 octobre 1704.

Paule (Jérôme-Bruno de), d'Aix.

Carmejane (Gilles), d'Avignon ; assesseur en 1676, 1692, 1698, 1705.

Sabatier (Jean), d'Avignon.

Tulle (Pierre de), agrégé ; mort le 28 mars 1689.

Maygron (Jean-Louis), de St-Geniès, diocèse d'Uzès.

Mestrali (André), d'Avignon.

Sevenc (Jean), de Monteux.

1650

Alphonse (Jean d') de Castellon, diocèse de Lyon.

Gautier (Jean-Augustin de), d'Aix.

Rostagny (Jean), d'Avignon.

André (Elzéar d'), de Valréas.

Bouscadier (Jean), d'Aramon, diocèse d'Uzès.

Reillane (Jean de), seigneur et vicomte de Reillane.

Raoulx (Pierre), de Barbantane.

Dumoulin (Pierre), du Saint-Esprit.

Pays (Charles), de Valréas, père de l'auditeur de rote.

Tolomas (Jean-Raymond), d'Avignon ; agrégé ; mort le 21 août 1662.

Ville (Charles-Emmanuel de), de Chambon, diocèse de Grenoble.

Beaudin (Antoine de), de Manosque.

Meyronet (Jean), d'Avignon, fils d'Etienne.

Cambis (Michel de), d'Avignon.

Crozet (Antoine), d'Avignon.

Folard (Pierre), d'Avignon.

Folard (Jérôme), d'Avignon ; agrégé ; assesseur en 1682 ; mort le 17 juillet 1706. = *La Conservation ou Tribunal pour le jugement des causes mercantiles établi de l'autorité du pape Innocent XI. Av. 1679, in. 4°.*

Cotel (Hugues), d'Arles.

Isnard (Etienne d'), de Toulon.

Sibourd (Jean-Baptiste), d'Avignon.

Beraud de Lubières (Dominique de), de St-Rème.

Bremond (François-Anne de), d'Apt, seigneur de St-Martin et de Vachières.

Parisi (Florent), de Chateaurenard.

Nouveau (Pierre), de Carpentras.

Granier (Pierre), de Ste-Marie-de-la-Mer, diocèse d'Arles.

Moyroux (Anselme), d'Avignon, notaire et greffier.

Durand (Alexandre), de Carpentras.

Daumas (Honoré), de Cannes, diocèse de Grasse.

Gualteri (Pierre-Siffrein), né à Carpentras en 1631, fils d'Arnould; vice-recteur du Comtat en 1670; mort en 1713.

Almeras (Hercule d'), du diocèse d'Uzès.

Benoit (Ignace-François de), d'Avignon, fils de Louis; agrégé.

Valerian (André), du St-Esprit.

Serre (Antoine de), de Beaucaire.

Chapuis (Esprit-François), de Valréas; auditeur de rote.

Martin (Jean), de Chateaurenard.

Guiraud (Pierre), d'Aramon.

Cohorn (François de), d'Avignon, fils de Claude; agrégé; mort le 10 août 1664.

Guyon (Paul de), d'Avignon, chanoine de Cavaillon.

Guyon (Louis-Henri de), d'Agnon, fils de Louis, nommé auditeur de rote le 13 août 1668.

Moreri (Nicolas), d'Avignon, tige du chanoine Moreri.

Moreri (Poncet), d'Avignon, frère du précédent, tige de l'avocat Moreri.

Guichard (Jean-Vincent), d'Avignon.

Dupont (Honoré), de Marseille.

Morgin (Barthélemy), d'Avignon, assesseur en 1688.

Greffeuille (Henri de), de Montpellier.

Moreri (Barthélemy), de Briançon, diocèse d'Embrun.

Orival (Claude-François d').

Barralier (Charles de).

Crozet (François), d'Avignon.

Pertuis de Saint-Amand (Paul-Joseph de), d'Avignon, fils de Jean-Michel et de Demoiselle d'Aiguière; agrégé.

1651

Burle (Marc-Antoine).

Cohorn (Ignace de), de Carpentras.

Astier de Sobirats (Paul-François d'), de Carpentras.

Honoraty (Jean-François d'), d'Avignon, fils de François; seigneur de Jonquerettes; agrégé; nommé auditeur de rote le 20 mars 1671.

Ambrun (Maurice d'), de Caromb.

Guintrandi (Jean).

Bergin (Alexandre de), de Carpentras.

Payen (Joseph), d'Avignon, fils de Pierre ; agrégé ; mort en décembre 1669.

Petra (Jean-Baptiste de).

Bonnegrace (Nicolas de).

Raspaud (Claude).

Coustet (Jean-Louis).

Boquet (Jean), d'Avignon.

Brocard (Antoine).

Couterat (Jean).

Lavage (Nicolas).

Marcellin (Jean-Esprit), de Villes.

Bonadona (Jacques de), de Malemort.

Morin (Paul-François).

Vassoux (François de), de l'Isle.

Gassin (Joseph), de Villes.

Hupais (Pascalis d').

Gondareau (André), de Sérignan, diocèse d'Orange ; juge de St-Pierre en 1662.

Liotard (Ignace), de Nice, fils d'Honoré Sauveur.

Expilly (Gabriel).

Cheylus (Henri de), de Pernes, seigneur de Propiac.

1652

Villy (Honoré).

Blisson (Jean), de Bagnols, diocèse d'Uzès.

Douzel (Gaspard).

Tarlet (Antoine), fils de Jean Tarlet qui était lieutenant de la cavalerie du Pape et de Magdeleine de Redonet.

Perier (Gilles), assesseur en 1681.

Esberard (Gilles), de Carpentras, fils de Jean-Baptiste et de Françoise de Flosle.

Manson (Joseph-Anselme).

Nunez Sanchez (François), gentilhomme portugais.

Ginestous (Jean de), seigneur de Gravières.

Troupel (Jacques), seigneur de Bourret.

Tordoni (François).

Dedos (François), de Carpentras.

Clavelle (Joseph de).

Henrici (Joseph-Barthélemy), d'Avignon ; secrétaire de la ville d'Avignon.

Marin Chrispin (César de).

Vassoux (Alexandre-Joseph de), de l'Isle.

Guintr[illegible] (André), d'Avignon, assesseur en 1675.

Collongue (Paul de).

Isnard (César d').

Niel (Louis).

Justamond (Pierre), de Bolbène.

Delabrosse (François).

Corneille (Joseph de), seigneur d'Aiguebelle.

Corneille (Joseph de), frère du précédent, seigneur de Revest.

Rostagny (Pierre-Jean de), d'Avignon.

Grassendi (Pierre), de Digne.

Arlatan de Beaumont (Joseph), d'Arles.

Robert (Jacques-Honoré), d'Avignon, fils de Rodolphe ; agrégé ; mort en 1683.

Barralier (Simon de).

Damian (Joseph-Gilles de).

1653

Michel (Vitalis).

Boniface de Leydet (Louis de), d'Aix, seigneur de Seynier et de Fombaton.

Isoard (Joseph), d'Avignon, fils de Gabriel ; agrégé ; mort le 7 octobre 1712.

Cotta (François de).

Mirmon (Jean de).

Dupin (Hector).

Beauvoir (Jérôme de), de Carpentras.

Rey (Hercule-Marie).

Mayet (Alexandre).

Coulet (Henri de).

Mazin (Jacques de).

Ravinet (Remi-François de).

Rives (Louis de).

Bonnot (Jean-François de), du Bourg St-Andéol.

Raousset (Simon de), de Tarascon.

Ruchet (François).

Poitevin (Charles de), seigneur de Malemoisson.

Romieu (Louis de), de Marseille, seigneur de Fos.

Thomas (François de), seigneur de La Valette, diocèse de Toulon.

Roubie (Jean de).

Taradeau (Louis de).

Loste (Pierre de), d'Arles.

Cassagne (Antoine-Denis de), de Nîmes,

Cassagne (Jacques de), de Nîmes.

Embrun (Roland d').

Saurin (Abel).

Duprat (Jacques).

Bleymet (François).

Arche (Germain de l').

Mailhan (Jean de).

Marthaud (Pierre de).

Durand (Jean).

1654

Arlatan (Jacques d'), d'Arles, seigneur de Beaumont.

Barbaroux (François de).

Isnard (Augustin d').

Mazin (André).

Saladin (Simon), d'Avignon.

Jossaud (François de).

Olivier (Pierre d'), seigneur de Merles.

Bedarrides (Boniface de), d'Avignon.

Blancheti (François de), d'Avignon, fils de Balthazar ; seigneur de La Motte ; agrégé ; mort le 14 novembre 1678.

Florent (Pierre), d'Avignon ; agrégé ; mort le 11 avril 1686.

Aymonier (Jean).

Appian (Joseph-Maurice), coseigneur de Coronat.

Henri (François).

Raynaud (Pierre).

Chardon (Amédée), d'Avignon.

Cochet (Philibert).

Collombi (Antoine).

Siffredi (Hector-Henri), d'Avignon, fils de Joseph; agrégé; mort le 21 octobre 1692.

Brès (Melchior), de Carpentras.

Garcin (François), d'Avignon, fils de Louis; agrégé; mort le 28 janvier 1707.

Brignan (Jacques de), d'Avignon; receveur des gabelles du Languedoc.

Audiffret (François d').

1655

Pisciolin (Amant-Venerosi de), des comtes de l'Estrade.

André (Jean).

Marquesi (Antoine).

Genet (Gilles), d'Avignon, fils d'Antoine; agrégé; mort le 3 mai 1659 à l'âge de 22 ans.

Romieu (Paul-Antoine de), d'Arles.

Tosto (Joseph), d'Avignon, fils de Gabriel; agrégé; mort le 24 novembre 1715.

Poumet (François).

Gallet (Jean-Charles), d'Avignon.

Pistarelli (François-Marie).

Sibourd (François), d'Avignon.

Codolet (Laurent de), de Salon.

Antoine (Nicolas).

Privat (Amat), de Beaucaire.

Guiraman (Louis), de Toulon.

1656

Ferrandi (Louis), d'Avignon.

Buisson (Guillaume).

Laurents (Georges-Dominique des), d'Avignon, fils d'Henri; seigneur de l'Olive; agrégé; nommé auditeur de rote en 1668.

Paudran (Antoine de), d'Avignon.

Brignan (Noel de), du St-Esprit, visiteur des gabelles.

Crousnilhon (André-Octave). = Reçu le 3 mai.

Inguimberti (Louis), d'Avignon,. = Reçu le 29 mai.

Sibille (François-Siffrein de), d'Avignon. = Reçu le 1er juin.

Thomassi (André), de Villes. = Reçu le 4 juillet.

Glandèves (Gaspard de), de Marseille; seigneur de Noizellet. = Reçu le 10 août.

Rousset d'Arquier (François-Marie), d'Avignon. = R. 21 août.

Fragniol (Pierre). = R. 27 septembre.

Tonduti (Pierre-Pelegrin), d'Avignon, fils de Pierre-François; seigneur de St-Léger; prévôt de St-Paul-trois-Châteaux; agrégé; = R. 27 septembre.

Dumas (Jean-Jacques). = R. 2 octobre.

Blanqui (Jean-Joseph), de Bonieux. = R. 3 octobre.

Guinard (Pierre-François), de l'Isle. = R. 4 octobre.

Rhodes (François de), d'Avignon, fils de Pompée ; agrégé ; mort le 20 mars 1680. = R. 9 octobre.

Revel (Jacques). = R. 16 octobre.

Salvador (Paul de), d'Avignon, fils de Jean-François ; agrégé ; auditeur du rote ; primicier en 1696 et 1702. = R. 18 novembre.

1657

Damian (André). = R. 3 janvier.

Seignoret (François de). = R. 3 mars.

Valle (Jean de). = R. 16 mai.

Muratori (Pierre-Baptiste). = R. 17 mai.

Faure (Claude-Emmanuel). = R. 4 août.

Rolori (Alexandre), de Carpentras. = R. 11 août.

Martinol (François), de Carpentras. = R. 28 août.

Vernet (François). = R. 29 septembre.

Marron (Henri), d'Avignon. = R. 15 octobre.

Laguet (Pierre de). = R. 16 octobre.

Gueydon (Paul). = R. 16 octobre).

Laugeyret (François de). = R. 13 décembre.

1658

Jancelme (Louis). = R. 12 mars.

Roux (Pierre). = R. 16 mars.

Grasse (Jean-Gaspard de). = R. 9 mai.

Montafia (Jean-Roc de), seigneur de Solbitris. = R. 20 mai.

Vedrille (Gilles de) de Caderousse. = R. 31 mai.

Bassinet (Joseph), d'Avignon ; fut assesseur en 1669, 1678, 1684. = R. 1er juin.

Sarpillon du Roure (Alexandre de), d'Avignon, fils de Denis ; agrégé ; mort le 19 août 1720 à Courtheson. = R. 6 juin.

Nouveau (Antoine) de Carpentras. — R. 1er juillet.

Cappeau (Philippe de), de Roquemaure. = R. 3 juillet.

Ruffi (François), d'Avignon. = R. 6 juillet.

Maupassant (Charles de). = R. 16 juillet.

Plaissé (Robert de), seigneur de la Pauze. = R. 16 août.

Martignon (Gaspard de). = R. 24 août.

Michel (Claude). = R. 11 septembre.

Magnaty (Pierre-Paul), d'Avignon. = R. 13 septembre.

Magnaty (François-Antoine), d'Avignon. — R. 13 septembre.

Perroni (François). — R. 28 septembre.

Chazal (Pierre-François), d'Avignon. — R. 12 octobre.

Chazal (Jean-Pierre), d'Avignon. = R. 12 octobre.

Piollat (Antoine), d'Avignon. = R. 14 octobre.

1659

Fresslou (Jérôme de). = R. 6 mars.

Suarès (François-Quénin de), d'Avignon, fils de François ; seigneur d'Aulan ; agrégé. = R. 13 mars.

Michel (Gilles-Joseph), d'Avignon, fils de Jean ; J. U. D. ; agrégé ; mort le 14 août 1723. = R. 22 mars.

Vincent (Jean de), fils d'André ; J. U. D. = R. 18 avril.

Chabaud (Trophime), fils de Pierre ; J. U. D. = R. 19 avril.

Falot (Joseph). = R. 19 avril.

Baulme (Joseph de la). = R. 5 mai.

Bertrandi (Joseph). = R. 7 mai.

Louis (Gaspard). = R. 16 mai.

Curti (Philippe). = R. 31 mai.

Guyon (Alexandre), de Carpentras. = R. 31 mai.

Agar (Paul d'), de Carpentras. = R. 28 juin.

Fabri (Charles-François), de Carpentras. = R. 28 juin.

Delavagnonis (comte Gaspard). = R. 23 août.

Chalamont (Pierre-Louis de), d'Avignon, fils de Pierre ; J. U. D. = R. 24 novembre.

Eymeric (Paul-Joseph), d'Avignon, fils de Joseph. = R. 13 décembre.

Garcin (Paul-Joseph), d'Avignon, fils de Théodore ; agrégé ; prêtre ; mort le 14 janvier 1723. Il avait été marié à dame Marie-Laurence de Février de Montal dont il eut des enfants. = R. 15 décembre.

Fayard (Jacques), d'Avignon. = R. 17 décembre.

Lopes (Jean-Joseph de), de Carpentras. Il épousa Gabrielle des Laurents d'Oiselay. (Une inscription placée sur l'Hôtel de Ville de Carpentras le désignait comme second consul). = R. 23 décembre.

1660

Mostoult (Jean-Jacques). = R. 16 mars.

Blanc (Pierre). = R. 16 mars.

Frachier (Jean). = R. 16 mars.

Clavel (Jacques), seigneur de Montheil. = R. 18 mars.

Ferrier (Antoine de), d'Avignon. = R. 3 avril.

Gardano (Barthélemy de), d'Avignon, fils de Charles ; agrégé. = R. 15 avril.

Chardon (François), d'Avignon. = R. 30 avril.

Cipriani (Simon de), de Marseille, fils de Balthazar. = R. 10 mai.

Rippert (Charles-François). = R. 13 mai.

Rousset (Esprit-Marie), de Carpentras. = R. 8 juin.

Eymonier (Jacques), d'Avignon, célèbre avocat ; juge de St-Pierre. = R. 26 juin.

Appais (Jean-Esprit), d'Avignon, avocat, juge de St-Pierre. = R. 13 juillet.

Gay (Barthélemy-Joseph de), d'Avignon, fils de Jean, frère de Jean-François ; prêtre ; agrégé ; mort le 2 septembre 1720. = R. 17 juillet.

Giry (Elzéar), du Thor, diocèse de Cavaillon. = R. 3 septembre.

Noumandeau (François), d'Avignon. = R. 4 septembre.

Joannis (Alexandre), de Malaucène. = R. 27 septembre.

Bayol (Louis), d'Avignon. = R. 27 septembre.

Pusque (Henri), d'Avignon. = R. 29 septembre.

1661

Alphand (Jean), de Carpentras. = R. 13 janvier.

Tiloy (Louis), de Beaucaire. = R. 31 janvier.

Pozet (Jean-Joseph), d'Avignon. = R. 1er février.

Audibert (Dominique), d'Aubignan. = R. 17 février.

Suarès (Louis-Alphonse de), né à Avignon le 6 juin 1642, fils de François, seigneur d'Aulan, et d'Elisabeth de l'Espine ; évêque de Vaison ; agrégé ; mort le 13 mars 1685. = R. 6 mars.

Drivet (Joachim); du Bourg St-Andéol. = R. 4 avril.

Bonnot (Louis de), du Bourg St-Andéol. = R. 4 avril.

Maucuer (Esprit). = R. 4 avril.

Colombet (Mathieu), d'Avignon. = R. 6 avril.

Roc (Jean de), seigneur de Clausonne. = R. 7 avril.

Morard (Jean-Aimard). = R. 7 avril.

Guillelmy (Gaspard-François de) ou **Guillermis**, d'Avignon, fils de Pierre-Louis ; seigneur de Gigognian ; D. U. J. ; assesseur en 1685 et 1697. = R. 30 juin.

Montanier (Antoine). = R. 11 juillet.

Marcy (Claude). = R. 14 juillet.

Chavane (Charles-Emmanuel de la). = R. 14 juillet.

Cazal (Esprit), de Baumes, diocèse d'Orange. = R. 19 juillet.

Roure (Joseph du), de Visan, diocèse de St-Paul-trois-Châteaux. = R. 29 août.

Levieux (Joseph), d'Avignon, fils de Joachim qui était docteur en médecine ; agrégé. = R. 23 septembre.

Armands (Esprit des), de Carpentras, où il fut premier consul. = R. 24 septembre.

Viau (Guillaume), de Cavaillon. = R. 3 octobre.

1662

Tache (Marc-Antoine de), d'Avignon, fils de François; registrateur des Bulles; agrégé; mort le 4 août 1730 à l'âge de 87 ans. = R. 15 avril.

Benoit (Michel de), d'Avignon, fils de César; agrégé; auditeur de rote; primicier en 1697, 1703 et 1709; mort le 23 juillet 1724. = R. 22 avril.

Macary (Simon). = R. 4 mai.

Camaret (Jean-Roger) né à Pernes où il fut premier consul, fils de César, d'Avignon. = R. 6 mai.

Deheu (Erasme). = R. 15 mai.

Boitouzet (Jean-Baptiste). = R. 22 mai.

Ponte (Jean-François de), d'Arles, = R. 27 mai.

Privat (Antoine), de Beaucaire. = R. 15 juillet.

Villeneuve (Claude de), de Carpentras. = R. 19 juillet.

Rondache (Jean-André), d'Avignon, fut juge de St-Pierre. = R. 19 juillet.

Daisse (Joseph), de l'Isle. = R. 19 juillet.

Vivet (Paul-Antoine), d'Avignon. = R. 21 août.

Trichet (Joseph), d'Avignon. = R. 21 août.

Thomas (Raymond), de Bedoin. R. 28 août.

Chaternet (Joseph), d'Avignon. R. 28 août.

Benoit (Gilles de), d'Avignon, fils de Louis, frère de François-Ignace; agrégé; juge de St-Pierre; professeur des Institutes; avocat et procureur général de la Légation; mort le 20 janvier 1723. = R. 30 septembre.

Gaufridi (Etienne-Henri). = R. 3 octobre.

Chieroli Carveto (Jean-Charles). = R. 9 octobre.

Cabassole Dontrin (François), de Villeneuve-les-Avignon. = R. 21 octobre.

1663

Merles (Joseph de), de Valréas. = R. 10 mars.

Coriolis (Jean de), d'Aix, fils d'Honoré; fut président au parlement de Provence. = R. 6 avril.

Regis (François), d'Avignon. = R. 9 avril.

Rhodes (Louis-François de), d'Avignon, fils de Pompée, frère de François; agrégé. = R. 12 mai.

Gérard (François de), d'Avignon, fils de Marc Antoine. = R. 30 mai.

Mousgier (François). = R. 14 juin.

Cabassole (Pierre de), de Villeneuve-les-Avignon. = R. 14 juin.

Marin (Charles), fils de Charles Crépin. = R. 25 juillet.

Baculard (Simon de), d'Avignon, seigneur de St-Hilaire. = R. 30 juillet.

Esparra (Pierre d'). = R. 15 septembre.

Vincent (Antoine). = R. 17 novembre.

= Le 28 juillet 1663 eut lieu la première réunion d'Avignon et du comtat au domaine de la couronne de France. = Le 1er août l'assesseur Cazal (Joseph-François de), harangua les commissaires du parlement d'Aix. = Le 8 août furent députés à Louis XIV MM. du Puget, de Chasteuil, Cazal, Borrely et Capelan. = M. de Cohorn fit fonction de dataire. = La chambre de justice formée pendant cette première réunion par les commissaires du parlement d'Aix fut composée des membres suivants : de Ribère, de Vedeau (primicier), de Gay, de Félix, de Sylvestre, d'Elbène, de Siffredi, de Guyon, de Barthélemy, de Goudareau, de Teste et de Garcin. = Le 31 janvier 1664. M. Calvet complimenta la comtesse de Mérinville. = Le traité de reddition d'Avignon au pape fut signé le 12 février 1664. Le 20 août seulement le vice-légat Lascaris reprit possession.

1664

Merez (Antoine de). = R. 9 janvier.

Cheylus (Joseph de), d'Avignon, seigneur de Preville. = R. 23 janvier.

Tressemanes (André de), d'Aix, seigneur de Chastueil, de Bramet et de Linceau. = R. 11 mars.

Rambaud (Augustin). = R. 4 avril.

Jacomin (Joseph-Hyacinthe de), de Carpentras, fils d'Esprit. = R. 21 avril.

Peloutier (Jean-Martin de), de Carpentras, fils de Maurice et de Magdeleine de Ste-Marie de Gérents. = R. 21 avril.

Dupont (Jean), prêtre; trésorier et pénitencier de l'Eglise métropolitaine d'Avignon. = R. 28 avril. = *Vie de la R[de] mère Esprite de Jésus de Jossaud, au tiers-ordre de St-Dominique et de St-François de Paule. = Av. 1705. J. c. Castanier, in-12. 389 pages.*

Romieu (Jean). = R. 24 mai.

Espervier (Jacques). = R. 7 juin.

Cadecombe (Paul de), né à Bornery, diocèse d'Apt, fils d'Esprit de Cadecombe, docteur en médecine et de Louise de Guiramand ; comte Palatin ; jurisconsulte distingué. = R. 24 juillet.

Changuin (Antoine-Chabert de). = R. 26 juillet.

Chelchottty (Bernardin). = R. 27 septembre.

Bernard (Guillaume de), du St-Esprit. = R. 25 novembre.

1665

Croze (Pierre de). = R. 5 janvier.

Falet (Joannes). = R. 9 février.

Chastroux (Jean).= R. 9 mars.

Sengla (François). = R. 7 avril.

Fayard (Esprit), d'Avignon. = R. 17 avril.

Ribère (Joseph-Marie de), d'Avignon, fils de Michel ; agrégé ; fut viguier d'Avignon en 1702 ; mort le 27 mai 1709. = R. 13 mai.

Crousnilhon (François), d'Avignon. = R. 18 mai.

Empereur (Gabriel). = R. 18 juin.

Robert (Louis de), de Caderousse, fils d'Antoine. = R. 29 juin.

Boyod de Lombardon (Pierre). = R. 7 juillet.

Vaccon (Antoine de). = R. 11 août.

Genet (Joseph-François), d'Avignon, fils d'Antoine ; agrégé ; docteur en théologie ; chanoine de la métropole d'Avignon ; prieur de Ste-Gemme ; mort le 7 mars 1716. = R. 22 août. = *Traduction en latin de la théologie morale*, par son frère François. — *Cas de pratique touchant les sacrements*. *1710*. *in-12*.

Crozet (Etienne-Louis), d'Avignon, fils de Gabriel-Marie ; agrégé. = R. 24 août.

Savin (Joseph-Marie), d'Avignon, mort le 8 octobre 1674. = R. 24 août.

Douyen (Claude-Antoine). = R. 21 septembre.

Verot (Jacques de), de Carpentras, fils de Charles Paul. = R. 2 octobre.

Caseneuve (Jacques). = R. 12 décembre.

Dedos (Jean-François), de Carpentras, fils de François. = R. 19 décembre.

1666

Olivier (Charles), d'Avignon, fils de François. = R. 24 février.

Mille (Joseph). R. 3 mai.

Boutin de St-Ange (Raimond de), d'Avignon, fils de Jean-François ; agrégé. = R. 25 mai.

Rozier de Mazoyer (Arnulphe du). = R. 29 mai.

Appais (Joseph), d'Avignon ; agrégé. = R. 1er juin.

Vaux (Laurent de), d'Avignon. = R. 5 juin.

Mazot (Annibal), du Thor. = R. 15 juillet.

Laprade (Henri-Joseph de), de l'Isle. — R. 19 juillet.

Boutin (Jean-Baptiste de), d'Avignon, fils de Jean-François. = R. 24 juillet.

Laugier (Claude-Joseph), de Carpentras. — R. 2 août.

Cartier (Pierre de), de Sablet, diocèse de Vaison, fils de Charles. = R. 6 novembre.

Ribère (Gabriel de), d'Avignon, fils d'Henri, docteur en médecine. = R. 8 novembre.

Raynaud (Jean). = R. 17 novembre.

Gollier (Pompée), d'Avignon, fils d'Ange. = R. 1er décembre.

Ducrest (Claude). = R. 22 décembre.

Fournillier (Joseph-François). = R. 24 décembre.

1667

Gleise Forchon (Antoine de). = R. 30 mars.

Bouvard (Alexandre), de Mazan. = R. 31 mars.

Tache (Louis de), d'Avignon, fils de François; chanoine de la métropole; agrégé ; = R. 4 avril.

Tache (Jean-François de), registrateur des bulles ; agrégé ; comte palatin ; primicier en 1666 et 1679 ; mort le 10 septembre 1727. = R. 4 avril.

Pascalis (Alexandre), du Thor. = R. 7 mai.

Vervins (Pierre de), d'Avignon, fils de Claude ; agrégé ; avocat et procureur général de la Légation. = R. 11 mai.

Honorati (Antoine d'), d'Avignon, fils de Daniel ; agrégé ; assesseur en 1687 et 1703 ; mort le 10 janvier 1722. = R. 12 mai.

Guyon (Jean-François-Marie de), d'Avignon, doyen de St-Agricol. = R. 17 mai.

Guyon (Ignace-François de), d'Avignon, fils de Louis ; agrégé ; mort le 12 février 1711. = R. 17 mai.

Ciceri (Veran), né à Cavaillon, marié avec Anne-Claudine de Calvet. = R. 19 mai. = Son fils, Ciceri (Paul-César de), prédicateur à la cour en 1725, mourut à Cavaillon le 27 avril 1759.

Petiti (Henri-Louis), fils de Jean-Antoine. = R. 26 mai.

Raoulx (Gilles de). = R. 28 mai.

Quairanne (André). = R. 28 juin.

Perdisseau (Marc-Antoine-Joseph), de l'Isle, fils de Barthélemy. = R. 18 juillet.

Fiollo (Joseph-Esprit de), de Carpentras, fils de Charles. = R. 20 juillet.

Rotta (Charles de), d'Avignon. = R. 28 juillet.

Thomas (Alphonse), de Bedoin. = R. 30 juillet.

Bouchard (Nicolas), d'Avignon, fils d'Henri. = R. 3 août.

Duplan (François-Michel), d'Avignon, assesseur en 1693 et 1699. = R. 11 août.

Vernot (Jean-François), de Bollène. = R. 12 septembre.

Orival (Pierre-François d'), fils de Richard. = 14 septembre.

Crozet (Ange-Thomas, d'Avignon, fils de Gabriel Marie. = R. 22 septembre.

Pellident (Alexandre de), de Cavaillon. = R. 29 octobre.

1668

Bernardi (Joseph), de Pernes. = R. 26 janvier.

Félix (François de), d'Avignon. = R. 23 février.

Piquet (Pierre), d'Arles. = R. 14 avril.

Fabry (Jean-Charles), d'Avignon, fils de François ; seigneur de Châteaubrun ; agrégé ; mort à Cairanne le 1er mai 1727. = R. 7 mai. = *Lettre écrite par Jean-Charles de Fabry de Châteaubrun au R. P. Augustin, gardien du couvent du Tiers-Ordre de St-François d'Avignon en 1715*, traitant de la noblesse de la ville d'Avignon et du Comtat-Venaissin (Réimprimée dans l'annuaire de Vaucluse de 1861, avec additions et rectifications.)

Chapuis (Denis), de Valréas. = R. 8 mai.

Barbier (Jérôme), d'Avignon, fils d'Antoine Laurent ; agrégé ; célèbre avocat ; professeur en droit civil ; mort en 1727. = R. 8 mai.

Salvador (Paul-François de), d'Avignon, fils de Jean François ; prêtre ; agrégé ; mort le 26 mai 1721. = R. 12 mai.

Crozet (François), d'Avignon, fils de Benoît ; agrégé ; mort le [illegible] janvier 1733. = R. 14 mai.

Ribère (François), d'Avignon, fils de Michel ; tué misérablement dans une auberge à Villeneuve-lès-Avignon, par M. de Massillan, le 2 décembre 1672. = R. 17 mai.

Bertrand (Jean), d'Avignon, agrégé ; vice-gérant ; mort le 18 novembre 1709. = R. 24 mai.

Giraud (Marc-Antoine). = R. 26 mai.

Honoraty (Pierre d'), d'Avignon, fils de François ; docteur de Valence ; prêtre ; agrégé ; mort le 5 novembre 1698. = R. 24 mai.

Armands (Louis d'), de Pernes. = R. 18 juillet.

David (Godefroi). = R. 21 juillet.

Hugues (Gabriel), d'Avignon. = R. 28 août.

Granet (Joseph), de Bollène. = R. 28 août.

Laboret (Jean-Claude). = R. 1er septembre.

Anglesy (Thomas-François-Marie d'), d'Avignon, chanoine de la métropole ; fils d'Hector ; agrégé ; mort en 1685. = R. 6 octobre.

Truc (Jean-François de), de Cavaillon. = R. 29 novembre.

Ribiers (Pierre-François de), d'Avignon, fils d'Esprit, frère de Sébastien ; prêtre ; grand vicaire de St-Paul-trois-Châteaux ; agrégé ; mort le 15 mars 1727. = R. 15 décembre.

Duret (Pierre), de Villeneuve-lès-Avignon, fils de Jacques, qui était docteur en médecine ; — J. U. D. = R. 17 décembre.

Planet (Jacques), de Carpentras. = R. 18 décembre.

1669

Genot (François), né à Avignon, fils d'Antoine et de Catherine Chayssi ; — D. U. J. ; évêque de Vaison en 1685 ; enlevé par ordre de Louis XIV en 1688 et détenu 15 mois à l'Ile de Rhé, pour avoir reçu dans son diocèse les Dames de l'Enfance de Toulouse. = Le 17 octobre 1702, dans une visite pastorale, traversant le torrent de Brégoux, territoire de Loriol, sa litière fut renversée par la rapidité des eaux, et il périt submergé. = R. 6 avril. = *Théologie morale, ou résolution des cas de conscience*, 3e édition, 1682. Paris, André Pralard. Cet ouvrage est connu sous le nom de Morale de Grenoble. = *Éclaircissements apologétiques de le morale chrétienne touchant le choix des opinions qu'on peut suivre en conscience. — Paris, 1680. André Pralard, in-12.*

Genot (Pierre), d'Avignon, frère du précédent ; agrégé ; mort le 3 janvier 1719. = R. 6 avril.

Rival (Claude). = R. 6 avril.

Gualteri (Jean-Joseph), d'Avignon, fils de François. = R. 27 avril.

Bellon (Jean-Marie), d'Avignon, fils de Louis-François, qui était notaire, et de Claire Bonnerie ; agrégé. = R. 23 mai.

Crousnilhon (Pierre), d'Avignon, fils de François. = R. 15 juin.

Senebier (Joseph). R. 22 août.

Froment (Antoine). = R. 9 septembre.

Gautier (Pierre), de Carpentras. = R. 6 novembre.

Paulet (Guillaume). = R. 28 septembre.

Barthoquin (Paul-Ignace), de Carpentras. = R. 6 novembre.

Magnan (André). = R. 6 novembre.

Andoare (Michel). = R. 21 novembre.

1670

Sibille (Jean), d'Avignon. = R. 8 janvier.

Tuarchot (Charles-François). = R. 11 janvier.

Salcon (Antoine). = R. 1er février.

Martin de Saint-Rème (Jean-Baptiste), d'Avignon, fils de Jérôme et de Jeanne de Cartier ; agrégé. = R. 10 mai.

Baudini (Jean-Baptiste). = R. 12 mai.

Eymonier (Mathias-Barthélemy d'), d'Avignon, fils de Jacques. = R. 16 mai.

Ollier (Pierre-Marie), d'Avignon. = R. 17 mai.

Baculard de St-Hilaire (Paul de), de Carpentras. = R. 19 mai.

Savin (Thomas), d'Avignon. = R. 12 juin.

Rocher (Esprit), de Bollène, fils de Raimond et de Marie de Stival. = R. 25 juin.

Larose (Jean-Claude), de l'Isle. = R. 28 juin.

Chou (Jean-Elzéar), de Cavaillon. = R. 3 juillet.

Grelly (Claude-Philippe), de Valreas. = R. 12 juillet.

Delbène (Antoine), d'Avignon, fils de Charles-François. = R. 30 juillet.

Robin (Pierre de), de Malaucène, fils de Paul. = R. 11 août.

Moneri (Jean-François), d'Avignon, fils de Joseph. = R. 18 août.

Mareschal (Nicolas), de Bagnols, diocèse d'Uzès. = R. 23 août.

Mollier (Jean-Louis). = R. 9 septembre.

Arlhac (Jean d'). = R. 11 octobre.

Genesi (Joseph). = R. 11 octobre.

1671

Bruneau (Jean), d'Arles, fils de Jean. = R. 3 janvier.

Very (Jean-Jérôme de), de Seguret. = R. 10 janvier.

Mourre (Jean-Claude), de Venasque. = R. 18 février.

Bausset (Pierre de), d'Aix. = R. 10 juin.

Bausset (Jean-Baptiste de), d'Aix. = R. 10 juin.

Dozol (Alexis), d'Avignon, fils d'Honoré. = R. 25 juin.

Prisie de la Foulquette (Joseph de), de l'Isle, fils d'André et de Catherine de Galian ; coseigneur de Venasque et St-Didier. = R. 6 juillet.

Duclaux (Joseph), d'Avignon, fils d'Etienne. = R. 17 juillet.

Pollidont (Joseph-François), de Cavaillon. = R. 18 juillet.

Amblard (Martial), de Ste-Cécile, diocèse de Vaison. = R. 24 juillet.

Bachod (Claude-François). = R. 13 août.

Sallère (Elzéar), d'Avignon, fils de Loup; seigneur de Fosseran ; agrégé; mort le 8 décembre 1731. = R. 20 août.

Agnès (Nicolas), d'Aix. = R. 22 août.

Berton (Dominique-Laurent de), d'Avignon, seigneur de Crillon. Il épousa Françoise de Saporte; son petit-fils fut le duc de Crillon, grand d'Espagne, = R. 31 août.

Inguimberti (Esprit-Joseph d'), de Bonieux, diocèse d'Apt. = R. 7 septembre.

Inguimberti (Charles d'), frère du précédent. = R. 7 septembre.

Pays (André), de Valréas ; auditeur de rote en 1710 ; mort en 1727. = R. 19 septembre.

Brun (Jean-Marie). = R. 14 octobre.

Court (André), du Thor. = R. 15 octobre.

Debber (Joseph). = R. 26 octobre.

Mayrot (Jean-François de). = R. 6 novembre.

Boyod (Jean). = R. 18 novembre.

Daugier (Joseph-Ignace), d'Avignon, fils d'Esprit. = R. 19 novembre.

Courcy (Lazare). = R. 19 novembre.

L'huillier (Jean-Claude). = R. 12 décembre.

1672

Bressan (Jean-Baptiste de). = R. 2 janvier.

Boisson (Jacques). = R. 12 janvier.

Cays (Anselme de), de Nice. = R. 23 janvier.

Foresta (Bruno de), de Marseille. = R. 1er avril.

Civot (Jean-Nicolas). = R. 1er avril.

Lobot (Jean-Baptiste de). = R. 12 avril.

Isoard (Gabriel-Marie), d'Avignon, fils de Gabriel ; agrégé. = R. 19 mai.

Isoard (Georges), frère du précédent ; agrégé ; mort le 14 décembre 1724. = R. 19 mai.

Dyèche (Antoine). = R. 27 mai.

Courtois (Antoine de), de Beaucaire ; fut nommé auditeur de rote en janvier 1692 par le vice-légat Laurent de Fiesque. = R. 22 juin. (En ce qui concerne son frère Joseph-Thomas, voir l'année 1684).

Tullo (François de), d'Avignon, fils de Pierre ; prévôt de St-Paul-trois-Châteaux ; primicier en 1690, 1704 et 1717. = R. 28 juillet. = *Alexandri VIII oratio panegyrica. Av. 1690 in-4°, 12 pages.*

Castanier (Antoine), de Bollène. = R. 2 août.

Foresta de Collongue (Joseph-Ignace de), né le 14 mars 1654 à Marseille ; évêque d'Apt en 1695 ; mort à Marseille en 1736. = R. 10 août. — Il fut un des prélats les plus vigoureusement opposés aux doctrines gallicanes et jansénistes. = *Lettre pastorale sur les devoirs des curés*, 1697. = *Ordonnances synodales*, 1697. = *Mandements*, 1714. = *Lettre pastorale contre la Sorbonne.* = *Condamnation de la théologie de Nicolas Lherminier.* = *Lettre à Philippe d'Orléans.*

Arène (François d'). = R. 10 août.

Armin (François d'). = R. 24 août.

Issoire (Pierre d'), d'Avignon, fils de Louis. = R. 25 août.

Crillon (Dominique-Laurent de), d'Avignon. = R. 25 août.

Borelly (Crépin), d'Avignon. = R. 29 août.

Novi (Simon), de Nimes. = R. 3 septembre.

Antoine (Charles-François d'). = R. 3 septembre.

Surrel (Noel). = R. 10 septembre.

Fouquier (Jean). = R. 14 septembre.

Moreri (Jean-Joseph), d'Avignon, fils de Joseph, frère de Jean-François. = R. 22 septembre.

Garcin (Louis), d'Avignon, fils de Louis, frère de François; capiscol de St-Didier; agrégé; reçu docteur en théologie en 1674; mort le 29 avril 1709. = R. 6 octobre.

Jolly (François), d'Avignon. = R. 31 octobre.

Fayard (Jean-François), d'Avignon, fils d'Esprit. = R. 3 novembre.

Bonnet (César), d'Avignon, fils d'Esprit. = R. 15 décembre.

Magnan (François de). = R. 20 décembre.

Tournet (Pierre), d'Avignon; agrégé; mort le 14 janvier 1730, sans enfants. = R. 31 décembre.

1673

Ruffy (Balthazar-Frédéric), d'Avignon, fils d'Antoine; agrégé; mort sans enfants, le 10 novembre 1738. = R. 4 janvier.

Payen (Henri), d'Avignon. = R. 7 janvier.

Pusque (Jean-François), d'Avignon. = R. 7 février.

Fougasse (Antoine-Barbe de), né à Avignon, mort en 1731. — Il fut chanoine de la cathédrale de Carpentras, et grand vicaire et official de quatre évêques de cette ville. = R. 6 avril.

Crivelly (Antoine-Laurent de), d'Avignon, fils de Bathélemy; agrégé. = R. 13 avril.

Ressouche (Jean-Antoine de), de Montpellier. = R. 15 mai.

Illy (Jean-Joseph), de Bonieux. = R. 18 mai.

Bonadona (Charles de). R. 2 août.

Dujal (Raymond), de St-Geniez, diocèse d'Avignon. = R. 12 août.

Boutin (Pierre de), d'Avignon, fils de Jean-François St-Ange; agrégé; mort le 29 décembre 1718. = R. 21 août.

Rayssoni (Alexandre). = R. 6 septembre.

Servan (Jean-Baptiste de), de Carpentras, fils de Charles. = R. 9 septembre.

Bonadona (Joseph de), de Carpentras. = R. 13 septembre.

1674

Rostan (Veran), de Cavaillon. = R. 3 janvier.

Calvet (Jean), d'Avignon, fils de François-Sébastien; seigneur de la Tour de Camp; mort le 10 décembre 1707. = R. 27 janvier.

Raymond (Veran), de Cavaillon. = R. 30 janvier.

Gollier (Pierre-Ange), d'Avignon, fils d'Ange. =R. 31 janvier.

Castion (Jean), de Caderousse. = R. 12 février.

Boisson (Pierre). = R. 27 février.

Pastour (Etienne-Christophe), d'Avignon. = R. 5 avril.

Martinel (Esprit-Simon), de Malaucène. = R. 26 avril.

Gautier (Joseph), de Carpentras. = R. 19 mai.

Roberty (Charles-Georges), d'Avignon; assesseur en 1690. = R. 21 mai.

Garrigues (Antoine de). = R. 15 juin.

Prisy (François de), né à l'Isle; coseigneur de Venasque. = R. 27 juin.

Euvrard (Jean-André). = R. 7 juillet.

Chianea (Vincent). = R. 3 août.

Barbier (Jean-Baptiste), d'Avignon. = R. 30 octobre.

Buson (Joseph), seigneur d'Auxon. = R. 3 novembre.

1675

Vervins (César de), d'Avignon. = R. 12 janvier.

Bouschot (Henri). = R. 28 mars.

Gralten (François-Antoine). = R. 4 avril.

Bonneau (Henri), d'Avignon, fils de Louis et de Anne de Chazel. = R. 27 avril.

Guérinet (Bruno-Joseph). = R. 9 mai.

Hugues (François-Sébastien d'), d'Avignon. = R. 10 mai.

Arnevin (Jean-Ange), d'Oppède. = R. 2 juillet.

Ouaran (Louis-Joseph), de Carpentras. = R. 3 août.

Philip (Pierre). = R. 3 août.

Cavet (Joseph), de Carpentras. = R. 22 août.

Crozet-Buisson (Joseph), d'Avignon, fils de Jean; agrégé. = R. 5 septembre.

Faraudy (Antoine), d'Avignon. = R. 3 octobre.

Gualteri (Jean-François de), de Carpentras. = R. 24 octobre.

Serre de la Roque (Charles-Félix de), d'Avignon. = R. 26 octobre.

Caire (Esprit), de Cavaillon. = R. 2 décembre.

Magnaudy (Esprit). = R. 4 décembre.

1676

Broche (Jean), de Bollène. = R. 21 mars.

Ambroise (Claude). = R. 21 mars.

Philip (Bruno). = R. 8 avril.

Mesmes de Mouran (Mathias de). = R. 14 avril.

Fauquet (Jean). = R. 19 mai.

Chapuis (Antoine), de Valréas. = R. 21 mai.

Massan (Joseph-Ignace,) de Carpentras. = R. 21 mai.

Firmin (Joseph), de Carpentras. = R. 21 mai.

Brès (Jean-Baptiste), de Mazan. = R. 11 juin.

Roche (Pierre). = R. 15 juin.

Marin (Lucas). = R. 24 juillet.

Monery (Claude-César), d'Avignon. = R. 5 octobre.

Guintrandi (Joseph - Marie), d'Avignon. = R. 15 octobre.

Arpeau (Pierre-François). = R. 29 octobre.

Montonnier (Jean - Baptiste), d'Avignon, mort sans enfants. = R. 18 novembre.

Borrey (Charles-Henry). = R. 3 décembre.

1677

Libry (Jean-Jacques). = R. 4 janvier.

Pascalis (François), du Thor. = R. 27 mars.

Peyrot (Pierre). = R. 1er mai.

Despretes (Alexandre). = R. 7 juin.

Jaubert (Joseph). = R. 19 juin.

Benoit (Etienne de), d'Avignon. = R. 22 juin.

Roiroles (Jean - Baptiste de), d'Avignon ; juge de la cour ordinaire de St-Pierre ; fut assassiné le 26 août 1693 par un nommé Honoré Pèse, prévôt de la salle d'armes à Toulon, qui fut pendu le 30 mars 1694. = R. 26 juin.

Serre (Pierre), de Bollène. = R. 1er juillet.

Tolomas (Esprit-Gabriel), d'Avignon ; fils de Jean Raymond ; agrégé ; mort à Châteauneuf-du-Pape en 1729. = R. 5 août.

Raynault (Juste-Ignace). = R. 30 septembre.

Maréchal (Thomas). = R. 30 septembre.

Moyroux (Jean-Marie), d'Avignon, fils de Jean ; agrégé ; mort le 20 septembre 1720. = R. 28 octobre.

Cartier (Joseph - Ignace de), d'Avignon, fils de Pierre ; avocat général ; agrégé ; mort le 8 août 1686. = R. 11 décembre.

Lavoundes (Joseph). = R. 30 décembre.

1678

Sarragon (Etienne-Thomas). = R. 9 février.

Varin (Antoine - Bonaventure). = R. 9 février.

Guillermis (François), de Mazan ; agrégé ; mort à Mazan le 24 avril 1732. = R. 24 mars.

Chapuis (Pierre), de Valréas ; auditeur de rote. = R. 19 avril.

Chapuis (Esprit-François), frère du précédent. = R. 19 avril.

Billioti (Joachim), de Piolenc. = R. 28 avril.

Barthélemy (François), d'Avignon ; chanoine de St-Agricol ; agrégé. = R. 28 avril.

Barthélemy (Jean-Gilles), d'Avignon, fils de François ; agrégé ; assesseur en 1680, 1689, 1695, 1718 ; mort le 21 octobre 1736. = R. 12 mai.

Bonet (Joseph), d'Avignon, fils d'Etienne. = R. 16 mai.

Martinis (Luc-Antoine de), de Toulon. = R. 20 mai.

Crozet (Charles), d'Avignon ; agrégé. = R. 23 mai.

Breuilhe (Thomas-Louis de la). = R. 30 mai.

Imguimberti (Esprit-Joseph), de Carpentras. = R. 6 juin.

Serrier (Trophime). = R. 27 juin.

Esberard (François-Hyacinthe), de Carpentras. = R. 2 juillet.

Pezenas (Pierre-Joseph), d'Avignon ; agrégé ; assesseur en 1704 et 1711. = R. 26 juillet.

Teste (Gabriel-Guillaume de), d'Avignon, fils de Claude ; agrégé ; reçu de la main des gentilshommes en 1723 ; comte aux lois ; professeur en droit civil, en droit français et des institutes ; mort le 10 décembre 1736. = R. 11 août.

Broduno (Charles-Joseph de), d'Avignon, fils de Pierre-Antoine ; agrégé ; mort le 16 juillet 1687. = R. 18 août.

Crozet (Joseph), d'Avignon, fils de Benoit ; agrégé. = R. 24 août.

Gomichon (Claude-Samson). = R. 1er septembre.

Vervins (Louis-Esprit de), d'Avignon. = R. 5 septembre.

Michaelis (Pierre), d'Avignon, fils de Jean qui était notaire. = R. 24 octobre.

Félix (Henri de), d'Avignon, fils d'Henri ; agrégé. = R. 26 octobre.

1679

Roy (Joseph-Gabriel). = R. 7 janvier.

Courchetet (Charles-Achille). = R. 2 mars.

Carcassius (Sauveur). = R. 23 mars.

Fayard (Claude-Charles), de l'Isle. = R. 6 avril.

Guichard (Guillaume), d'Avignon. = R. 10 avril.

Capisuchi (François), de Bologne. = R. 21 avril.

Robert (Jean-Jérôme), de Carpentras, fils de Jean Rogier. = R. 8 mai.

Thomassis (Denis-Marie de), de Carpentras, fils de François. = R. 8 mai.

Morel (Louis). = R. 22 mai.

Lampinet (Claude-François). = R. 27 mai.

Cullet (François). = R. 8 juin.

Destret (Jean-Louis du), d'Arles. = R. 11 juin.

Beuf (Pierre), d'Arles, fils de René. = R. 5 juillet.

Anglesy (Jean d'), d'Avignon, fils de François. = R. 15 juillet.

Guaynemand (Michel). = R. 18 août.

Marin (Laurent). = R. 19 août.

Camaret (Denis de), de Caromb. = R. 28 août.

Bouvot (Jean-Jacques). = R. 18 septembre.

Tulle (Pierre de), d'Avignon, fils de Pierre ; chanoine de St-Agricol ; primicier en 1700 et 1710 ; mort le 3 juillet 1732. = R. 12 octobre.

Tulle (Philippe de), chanoine de la métropole ; comte palatin ; primicier en 1695 et 1713 ; mort le 26 avril 1739. = R. 12 octobre.

Poinsard (Jean-François), d'Avignon. = R. 23 octobre.

Pierre (Pierre-François de). = R. 24 octobre.

Miget (Jean-François). = R. 25 octobre.

Vieille (Jean-François). = R. 26 octobre.

Georges (Jean-Pierre de), de Carpentras, secrétaire et greffier de la Chambre. = R. 27 octobre.

Comte (Charles). = R. 9 novembre.

1680

Gravillon (Claude). = R. 13 janvier.

Crozet (Balthazar), d'Avignon, fils de Gabriel-Marie ; agrégé. = R. 13 janvier.

Desprez (Théophile-Antoine). = R. 18 janvier.

Larderat (Claude de), d'Avignon. = R. 23 janvier.

Ste-Marie (Joseph de), de Carpentras. = R. 18 mars.

Tache (Michel-Ignace de), d'Avignon ; chanoine de la métropole ; agrégé ; mort le 20 octobre 1694. = R. 22 mars.

Pradan (Antoine), de Bollène. = R. 27 mars.

Mallère (Gaspard), d'Avignon. = R. 28 mars.

Berenger (André). = R. 30 mars.

Guilhermier (Jean-François), de Bollène. = R. 8 avril.

Barralier (Joseph). = R. 9 avril.

Carrichon (Jean-Joseph), de l'Isle ; archiviste ; vice-gérent et juge de St-Pierre. Il ne laissa qu'une fille mariée au marquis de Tremolet et qui fut mère du duc de Montpezat. = R. 16 avril.

Guintrandy (Nicolas), d'Avignon, fils de Jean ; D. U. J. = R. 27 avril.

Girard (Jean-Paul de), d'Avignon. = R. 29 avril.

Périer (Jérôme), d'Avignon. = R. 29 avril.

Honoraty de Jonquerettes (François d'), d'Avignon, fils de Jean-François ; seigneur de Jonquerettes ; auditeur de Rote ; agrégé ; mort le 7 février 1733. = R. 2 mai.

Dupont (Jean). = R. 17 mai.

Castanier (Charles), de Bollène. = R. 31 mai.

Cocon (Pierre). = R. 4 juillet.

Bonery (Hyacinthe), fils de George. J. V. D. = R. 27 juillet.

Chapuis (Louis). = R. 7 août.

Peret (Pierre). = R. 16 août.

Hallier (Pierre-Odet d'). = R. 20 septembre.

Hallier (Jean-Clément d'), seigneur de Bellecroix. = R. 20 septembre.

Fathier (Antoine). = R. 21 septembre.

Guiramand (Gabriel de), de Seguret. = R. 26 septembre.

Bernard (Elzéar), de Valréas. = R. 16 décembre.

Renault (Charles-Hyacinthe). = R. 21 décembre.

Nally (Pierre), de la Palud, diocèse de St-Paul-trois-Châteaux. R. 31 décembre.

Le 26 janvier 1680 un édit de Louis XIV déclare étrangère l'Université d'Avignon et lui retire de la sorte tous les droits et privilèges des universités regnicoles. Cet édit ne fut rapporté que le 29 janvier 1698. (Bulletin historique de Vaucluse, 1879. = Inscription inédite de l'Université d'Avignon par le Dr Laval).

1681

Polastre (Jean de), seigneur de St-Victor. = R. 29 janvier.

Bonet (Jean-Louis), de Valréas. = R. 20 mars.

Poulle (François), d'Avignon. = R. 1er avril.

Bose de Montserain (Jacques). = R. 22 septembre.

Rostagny (François-Ferdinand), d'Avignon. = R. 29 septembre.

Clerc (Pierre). = R. 3 novembre.

Duclos de Sery (François-Hyacinthe). = R. 1er décembre.

Alverny (Etienne-Marie d'). = R. 10 décembre.

Cordelier (Jean-Baptiste). = R. 10 décembre.

Estienne (Mathias). = R. 15 décembre.

Indignoux (Jacques). = R. 15 décembre.

La Rivière (Joseph-Michel de), de Carpentras, fils d'Esprit-Antoine, qui était docteur en médecine. = R. 23 décembre.

1682

Raoux (Pierre). = R. 21 février.

Peyre (Paul) = R. 21 mars.

Chazel (Raymond), de Nimes. = R. 15 avril.

Clercy (Jacques). = R. 8 mai.

Nouy (Jean-Joseph), de Nimes. = R. 1er juin.

Siccard (Jacques). = R. 4 juin.

Bagon (Jean-André). = R. 9 juin.

Chazalis (Antoine). = R. 18 juin.

Marcellin (Esprit-François), de Villes. = R. 31 juin.

Magnan (Jean-François). = R. 1er juillet.

Chambon (Antoine-Ignace). = R. 4 juillet.

Galois (Nicolas). = R. 6 juillet.

Gard (Pierre). = R. 17 octobre.

1683

Guyon (Pierre-Louis de), d'Avignon, fils de Louis-Henri ; agrégé ; mort à Piolenc, le 10 février 1723. = R. 7 avril.

Guibourg (Claude), fils de Jean. J. U. D. = R. 21 avril.

Orry (Charles). = R. 23 avril.

Ferrier (Jean-Baptiste). = R. 8 mai.

Matty (Jean), de Cavaillon. = R. 17 mai.

Truchet (Jean-François), d'Arles. = R. 25 mai.

Marin (François), de Tarascon. = R. 3 juin.

Larnac (Pierre). = R. 3 juin.

Bastide (Louis de). = R. 3 juin.

Barbier de Piedfaucon (Jean-Ignace de), de Carpentras, fils de Philippe Guillaume. = R. 21 juin.

Broussot (Louis). = R. 5 juillet.

Tardity (Jacques). = R. 10 juillet.

Bellin (Antoine). = R. 19 août.

Entrechaux (Joseph d'). = R. 14 septembre.

Bellet (Nicolas). = R. 20 septembre.

Rousier (Antoine). = R. 22 octobre.

Raffelis (Jean-François de), de Carpentras. = R. 25 octobre.

Moy (Antoine). = R. 2 novembre.

Bajulis (Jacques-Philippe), de Pernes, fils de Pierre qui était docteur en médecine. = R. 22 décembre.

1684

Pascalis (Pierre-Jacques), du Thor. = R. 8 avril.

Matty (Etienne), de Cavaillon, chanoine. = R. 14 avril.

Courtois (Joseph-Thomas de), de Beaucaire, frère de l'auditeur de rote (voir année 1672) ; quitta Avignon avec plusieurs autres gentilshommes au moment de la deuxième réunion du Comtat par Louis XIV, s'établit dans l'Ile-de-France et fut Conseiller au Parlement de Paris. Son fils Courtois (Jean-Sulpice de), marié avec Anne-Marie Robitail, fut Directeur des Fermes de Paris ; son petit-fils Courtois (Jean-Théodore de) fut en relation avec tous les savants de son temps. Du mariage de ce dernier avec Billot (Flore) est issu Courtois (Marcellin de) dont le fils Courtois (Marcellin-Théodore-Léon de), docteur en médecine, est connu par son dévouement pendant le siège de Paris par l'armée allemande. = R. 19 avril.

Fabrique (Jean-Joseph de). = R. 22 avril.

Chazel (Jérôme), de Nîmes. = R. 19 mai.

Quinson (André). = R. 20 mai.

Chapuis (Secret), de Valréas, fils d'Esprit-François. = R. 26 juin.

Court (Antoine), du Thor. = R. 1er juillet.

Benoit (Esprit de), d'Avignon, fils de Charles. = R. 4 juillet.

Jaubert (Jean-François). = R. 2 août.

Adnisard (Noël). = R. 4 octobre.

1685

Georges (Etienne de), de Carpentras, fils de Jean-Pierre. = R. 5 janvier.

Cluny (Joseph-Laurent de), d'Avignon. = R. 20 février.

Crozet (François-Marie), d'Avignon. = R. 24 février.

Carmejano (Louis), d'Avignon, fils de Gilles. J. U. D. = R. 28 mai.

Ligion (Jean-Baptiste). = R. 30 juillet.

Brunel (François-Jérôme). = R. 2 août.

Rondache (Michel), d'Avignon, fils de Jean-André ; J. U. D. = R. 4 août.

Audibert (Claude-Dominique d'), de Carpentras, fils de Dominique, seigneur de La Villasse. = R. 1er septembre.

Pays (Joseph), de Valréas. = R. 13 septembre.

Marguerite (Jean-Jacques). = R. 14 septembre.

Mollin (Clément). = R. 14 septembre.

Pertuis (Pierre-Jean-Baptiste), d'Avignon, fils de Charles. = R. 22 octobre.

Blanc (Jean-Vincent), de Bonnieux, fils de Charles. = R. 25 octobre.

1686

Poyol (Thomas de), de Vaison, fils de Mathieu, avocat, consul à Carpentras en 1721, pendant la peste. = R. 14 février.

Tournay (Jean-Joseph). = R. 7 mars.

Fabry (Jean-François-Melchior), d'Avignon, fils de François ; agrégé ; primicier en 1723 et 1730 ; mort le 15 juin 1741. = R. 21 mars.

Gay (François-Joseph de), d'Avignon, fils de Jean-François ; agrégé ; prévot de la Cathédrale d'Orange ; mort à Orange le 8 septembre 1746. = R. 24 avril.

Michel (Raphaël-Pierre de), ou **Michaelis**. == R. 27 avril.

Dumont (Antoine). == R. 9 mai.

Columbi (Laurent). == R. 16 mai.

Bassinot (Jean-Dominique), d'Avignon, fils de Jean ; J. U. D. == R. 20 juin.

Franco (Jean-Marie), de Valréas. == R. 25 juin.

Rampal (Jean-Baptiste). == R. 11 juillet.

Ghislory (César), de Cavaillon. == R. 22 août.

Salvador (Joseph-François de), famille originaire de Catalogne, né à Avignon le 25 mars 1668, fils de Paul et d'Élisabeth de Massilian ; agrégé ; supérieur général du séminaire de Ste-Garde ; grand vicaire de l'archevêque d'Avignon. Après avoir servi comme capitaine dans le régiment de la Reine, il prit l'habit ecclésiastique le 4 décembre 1700 et se livra à la prédication. Il mourut le 26 novembre 1745 à Avignon après une mission qu'il avait entreprise à Malemort, près de Carpentras. == R. 23 novembre.

1687

Desmarets de St-Montaut (François), d'Avignon, fils de Félix et de Françoise Gilles. == R. 9 janvier.

Raynaud (Sébastien). == R. 21 janvier.

Julien (François). == R. 27 janvier.

Domet (Étienne). == R. 19 mai.

Alançon (Joseph d'), né à Grillon, judicature de Valréas, diocèse de Saint-Paul-trois-Chateaux. == R. 4 juin.

Gasquy (Joseph), de Pernes. == R. 25 juin.

Charlant (Jean-Laurent). == R. 30 juin.

Benoit (Louis-Gabriel de), d'Avignon, fils de Gilles ; célèbre avocat et professeur en droit ; mort sans enfants le 11 février 1740. == R. 28 août. == *Preuve en droit et en fait de l'exemption de Messieurs les docteurs agrégés de l'Université d'Avignon pour les gabelles, droits d'entrée et autres charges publiques, appuyée sur les transactions passées entre la ville et l'Université, sur les lois du digeste et sur les bulles des Souverains-Pontifes. — Avignon, 1705, in-4° de 25 pages. Franc-Maillard.*

Guyard (Antoine de), de Monteux. == R. 30 août.

Brignon (Nicolas-Louis de). == R. 22 septembre.

Dumas (Esprit-Joseph), de Cairan, diocèse de Vaison ; avocat, juge de St-Pierre. == R. 18 décembre.

1688

Guilhem (Esprit-Ignace de), d'Avignon. == R. 15 mai.

Miellon (Louis), d'Avignon ;

assesseur en 1701, 1710 et 1724. = R. 21 mai.

Crozet (Pierre-Paul), d'Avignon, fils de Gabriel-Marie; agrégé. = R. 28 mars.

Gravod (Claude). = R. 3 juin.

Lavigière (Jean-Joseph), de Gadagnes; assesseur en 1706, 1712, 1719. = R. 11 août.

Levieux de la Verne (Joachim), d'Avignon, fils de Joseph; agrégé; professeur en droit français perpétuel; primicier en 1708, 1724, 1740; comte-aux-lois; assesseur en 1702, 1709; mort le 23 avril 1747. = R. 2 décembre.

Gay (Guillaume-Joseph de), d'Avignon, fils de Jean-François; agrégé; mort le 9 mars 1748. = R. 16 décembre.

Anthoaume (Esprit). = R. 23 décembre.

La deuxième réunion d'Avignon et du Comtat à la couronne de France eut lieu le 27 novembre 1688, et elle dura jusqu'au 25 octobre 1689.

1689

Crozet-Buisson (Pierre-François), d'Avignon, fils de Jean; agrégé; primicier en 1727; mort à Aramon le 12 janvier 1735. = R. 11 février.

Provençal (Esprit), d'Avignon, fils de Barthélemy et de Anne d'Isnard; agrégé; avocat; consul d'Avignon; mort le 4 novembre 1736. = R. 14 février.

Ribiers (Joseph de), d'Avignon, fils de Sébastien et de demoiselle de Carrat; agrégé; primicier en 1729; mort le 29 janvier 1733. = R. 22 mars.

Bouchard (Jean-Louis), d'Avignon. = R. 21 mai.

Amblard (Paul-Hyacinthe d'), de Ste-Cécile, diocèse de Vaison, fils de Martial. = R. 7 juillet.

Ricard (Jean-Jacques,) du Thor. = R. 7 septembre.

Guyon (Jean-Baptiste de), d'Avignon; fils de Louis-Henri et de Marie de Marcel de Crochans; agrégé; chanoine de la métropole; mort le 29 avril 1744. = R. 16 novembre.

1690

Tache (Dominique de), d'Avignon, fils de François; agrégé; primicier en 1706. = R. 22 avril.

Pascalis (Jean), du Thor. = R. 22 avril.

Armands (Joseph-Louis des), de Pernes. = R. 27 avril.

Lancioni (Jean-François), de Carpentras, prêtre. = R. 12 mai.

Lancioni (Paul-Hyacinthe), de Carpentras, frère du précédent. = R. 12 mai.

Teissier (Jean-Louis), de Barcelonette, diocèse d'Embrun, fils de

Jean-Jacques et neveu de Louis Teissier. = R. 10 juin.

Prévost (Joseph), de Valréas. = R. 12 juin.

Martin (Joseph), de l'Isle ; comte Palatin ; archiviste d'Avignon. = R. 22 juin.

Bergin de Beauclos (Barthélemy-Joseph-François de), de Carpentras, fils d'Alexandre. = R. 3 juillet.

Casal (François), d'Orange. = R. 11 juillet.

Duris (André-Joseph), de Villeneuve-les-Avignon. = R. 21 août.

Rigoine (François-Louis). = R. 24 août.

Rodil (Veran). = R. 28 août.

Rieu (Louis du), d'Avignon. = R. 11 septembre.

Pusque (Pierre), d'Avignon. = R. 17 octobre.

Joannis (François), d'Avignon. = R. 20 octobre.

Robert (François), d'Avignon. = R. 26 octobre.

1691

Barneoud (Julien), ou **Darneoud**. = R. 18 janvier.

Ganne (Simon), d'Avignon. = R. 6 février.

Marin (Jean-André). = R. 28 mars.

Joannis (Joseph-André de), de Carpentras, fils d'Alexandre. = R. 28 août.

Garcin (Joseph-Melchior de), d'Avignon, fils de François ; agrégé ; célèbre avocat et professeur en droit ; mort le 30 mars 1732. = R. 16 mai.

Marin (Claude). = R. 11 juin.

Bremond (Jacques), de Tulette, diocèse de Vaison. = R. 30 juin.

Rosier (Jean). = R. 7 juillet.

Poulle (Claude-Ignace), d'Avignon, fils de François ; agrégé ; primicier en 1728 ; père de l'auditeur ; mort le 9 novembre 1751. = R. 6 avril.

Siffredy Mornas (Jean-Joseph de), d'Avignon, fils de Pierre-Joseph ; agrégé ; comte Palatin ; capitaine viguier de Mornas. = R. 3 septembre.

Juris (Dominique). = R. 26 septembre.

Chabert (Antoine). = R. 5 octobre.

Valladier (Thomas), de Carpentras. = R. 13 décembre.

1692

Marché (Pierre), seigneur de la Chaze. = R. 9 février.

Hugon (Pierre-François). = R. 6 mars.

Mornas (Joseph), de Piolenc, diocèse d'Orange. = R. 13 mars.

Granet (François), de Bollène. = R. 20 mars.

Crivelly (Ignace-Joseph de), d'Avignon, fils d'Antoine Laurent ;

agrégé ; primicier en 1725 ; mort le 10 mars 1737. = R. 27 mars.

Gollier (Pompée), d'Avignon, fils de Pompée ; J. U. D. = R. 17 mai.

Guintrandy (Joseph), d'Avignon, fils d'André ; D. U. J. ; agrégé. Il fut primicier en 1721 et 1722, ayant été confirmé par rapport à la peste. = R. 17 mai.

Guyon (Joseph de), fils de Louis-Henri ; agrégé ; évêque de Cavaillon en 1709 et archevêque d'Avignon et 1742 ; mort le 22 septembre 1756. = R. 22 mai.

Guyon (Ignace de), frère du précédent ; agrégé ; chanoine de la Métropole d'Avignon ; mort le 13 juin 1755. = R. 22 mai.

Christin (Jean-François). = R. 14 juin.

Limojon (Ignace-François), né à Avignon en 1669, y mourut le 13 mai 1739 ; coseigneur de Venasque et St-Didier. Il se livra à la poësie ; il fut couronné trois fois par l'Académie des jeux floraux et deux fois par l'Académie française. = R. 21 juin. = *Clovis* (les huit premiers chants ont paru seuls), *Paris, 1725, in-8°*. = *Voyage au Parnasse-Rotterdam (Chartres), 1716, in-12.*

Crousnilhon (Joseph), de Maubec, diocèse de Cavaillon. = R. 12 juillet.

Rouyère (Joseph-Dominique), de Bonnieux, diocèse d'Apt. = R. 18 septembre.

Villeneuve (Jean-François de), né à Carpentras, fils de Claude, docteur et avocat de Carpentras, et de Richarde de Floret, fille de François de Floret, secrétaire de la province du Comtat. Il fut procureur général des trois états du Comtat. = R. 15 décembre.

Taton (Paul-Joseph). = R. 22 décembre.

Bledier (Joseph-François), de Carpentras. = R. 22 décembre.

1693

Dedos (Jean-Bernard-Alexandre), de Carpentras. = R. 4 mai.

Charosiou (Pierre). = R. 9 avril.

Fleury (Jean-Claude). = R. 11 avril.

Guérin de Tencin (François de), de Grenoble. = R. 23 avril.

Roux (Balthazar). = R. 1er mai.

Aufossy (Jean-Antoine-Joseph), d'Avignon. = R. 2 mai.

Joannis (Joseph), d'Avignon, fils de Louis et de Magdeleine de Goffridy. = R. 13 septembre.

Marchetty (Jacques). = R. 17 septembre.

Armands (Joseph des), de Carpentras ; comte Palatin ; fils d'Esprit et de Marie de Fabre. = R. 17 octobre.

Vachier (Jacques). = R. 1er décembre.

1694

Combe (Joseph). = R. 5 janvier.

Ferre de la Verrière (Jean-Joseph de), d'Oppède. = R. 27 février.

Calvet (Joseph), des Angles, diocèse d'Avignon, fils de Jean-Baptiste Calvet, de Villeneuve-les-Avignon et de Marie de Moza d'Avignon ; assesseur en 1716, 1722 et 1732. = R. 20 mars.

Mozot (Pierre-Louis), du Thor, fils d'Annibal. = R. 22 mars.

Inguimberti (Louis d'), d'Avignon, fils de Louis et de Gabrielle-Marie de Vany. = R. 24 mai.

Folard (François-Joseph de), d'Avignon, fils de Nicolas, bourgeois ; agrégé ; assesseur en 1721 ; mort le 18 février 1750. = R. 29 mai.

Sillo (Pierre), de Ventiono, diocèse d'Aquilée, fils de Nicolas et de Catherine Mistrucci ; prêtre. = R. 28 juin.

Barthoquin (Pierre-Jacques), de Carpentras. = R. 9 octobre.

Beaupré (Nicolas Fallot de), d'Avignon, fils de Guillaume, président de la Monnaie, et de Marguerite de Rieu ; fut président de la monnaie. = R. 7 décembre.

1695

Blanc (Jean-François de). = R. 6 mars.

Rieux (Antoine des), de Lyon, fils de noble Bernard des Rieux, échevin de Lyon, et de Marie de Sale. = R. 6 mars.

Fontanelle (Laurent-Justinien de), de Lyon, fils de Messire Alexandre de Fontanelle et de Marie de Croppet ; marquis de Villars. = R. 14 mars.

Salvador (Claude de), d'Avignon, fils de Paul-Joseph ; agrégé ; premier consul et viguier ; mort le 9 mai 1744. = R. 23 avril.

Raynaud (Joseph). = R. 17 juin.

Gasqué (Joseph), de Joyeuse, fils de Louis, procureur du roi et de Dorothée de la Tour. = R. 18 juin.

Morel (Claude). = R. 15 juillet.

Alphons (Louis), d'Avignon. = R. 6 août.

Dumas (Esprit-Hyacinthe), de Baumes. = R. 6 août.

Pelissier (François), d'Orsan, fils de Michel et de Suzanne Joubert, du St-Esprit. = R. 27 août.

Eymerle (Trophime), d'Avignon, fils de Jean Raymond ; J. U. D. = R. 14 octobre.

Charpaud (Jean-Alexandre), de Carpentras. = R. 17 octobre.

Baucoux (Jean-Baptiste), seigneur de l'Arvest. = R. 21 octobre.

1696

Cherdon (Joseph-Joachim), d'Avignon, fils de François; J.U.D. = R. 16 février.

Lafont (Jérôme). = R. 22 février.

Levieux de Lespinouse (Esprit), d'Avignon, fils de Joseph ; agrégé ; chanoine du chapitre de N.-D. La Principal d'Avignon ; primicier en 1726 ; mort le 21 mars 1733. = R. 15 mai.

Inguimberti (Joseph d'), d'Avignon, fils de Louis ; J. U. D. = R. 15 mai.

Bertet (Claude), de Châteauneuf-du-Pape, père de l'auditeur de Rote. = R. 1er juin.

Combes (Hyacinthe), de Roquemaure. = R. 4 juin.

Casal (Jean-François de), d'Avignon, fils de Fabrice. = R. 19 juin.

Darut (Joseph-Marie), de Valréas. = R. 2 août.

Roure (Paul-Antoine du), de Visan. = R. 5 septembre.

Blanc (Dominique), de Bonnieux, avocat à Avignon et juge de St-Pierre. = R. 26 septembre.

Monte (Simon de), de Valréas. = R. 17 octobre.

Grassy (Joseph). = R. 26 octobre.

Sabran (Elzéar de). = R. 13 novembre.

1697

Simonnet (Zacharie). = R. 5 janvier.

Brachet (Louis-Dominique). = R. 14 février.

Lostau (François-Joseph de), d'Arles. = R. 23 février.

Balbany (Joachim), de Bedoin. = R. 16 avril.

Ville (Nicolas de), de Bollène. = R. 23 avril.

Lancy (Pierre-Michel), d'Avignon ; avocat et juge de St-Pierre. = R. 30 avril.

Audiffret (Charles d'). = R. 9 mai.

Royer (Louis), d'Avignon, avocat, auteur de plusieurs poëmes provençaux. = R. 21 mai.

Masson (Pierre-François), d'Avignon. = R. 27 mai.

Cadecombe (André de), d'Avignon, fils de Paul ; juge de St-Pierre et des Gabelles. = R. 11 juillet.

Gantilet (Antoine-Cagetan de). = R. 11 juillet.

Honoraty (Joseph-François d'), d'Avignon, fils d'Antoine ; agrégé ; seigneur de Jonquerettes ; primicier en 1698 ; chanoine de St-Symphorien ; mort le 21 janvier 1711. = R. 20 novembre.

1698

Vany (Pierre-Benoit), d'Avignon, fils de Laurent ; J. U. D. = R. 27 février.

Granet (Joseph-Louis), de Richerenches, diocèse de St-Paul-trois-Châteaux. = R. 8 mars.

Crivelly (Pierre-Bernard-Barthélemy de), d'Avignon, fils de

Jérôme ; seigneur de Villegarde. = R. 12 avril.

Croset (François-Joachim), d'Avignon, fils de François-Camille ; mort le 25 novembre 1737. = R. 17 avril.

Crivelly (Joseph-Paul de), d'Avignon, fils d'Antoine Laurent, frère d'Ignace Joseph ; agrégé. = R. 2 octobre.

1699

Mirabeau (François-Marie), d'Avignon. = R. 2 mai.

Roberty (Antoine-Joseph), d'Avignon ; assesseur en 1717, 1730, 1737. = R. 23 mai.

1700

Garcin (Michel-Dominique de), d'Avignon, fils de François ; capiscol du chapitre St-Didier ; primicier en 1712 et 1719 ; auditeur de Rote en 1727 ; mort le 22 mars 1740. = R. 11 février.

Garcin (Joseph-Dominique de), d'Avignon, fils de François, primicier en 1715 et 1739 ; registrateur des bulles de la Légation ; mort sans enfants. = R. 11 février.

Aubert (Joachim), de Valréas. = R. 20 mars.

Astier (Joseph-Benoit), d'Avignon. = R. 1er avril.

Cornevin de St-Laurent (Joseph-François), d'Oppède. = R. 25 mai.

Salières de Fosseran (Charles de), d'Avignon, fils d'Elzéar ; agrégé ; père du comte de Bonne. = R. 16 septembre.

1701

Massan (Alexis), de Carpentras. = R. 19 janvier.

Barthalier (François), de l'Isle. = R. 21 février.

Gibert (Claude-Gaspard), de l'Isle. = R. 13 juin.

Icard (Louis), de Bollène. = R. 16 juin.

Cabassole-Dontrin (Jacques), de Villeneuve-les-Avignon. = R. 12 octobre.

Martinel (Pierre), de Carpentras. = R. 17 octobre.

Fabre (Balthazar-Augustin), de Carpentras. = R. 29 décembre.

1702

Hugonis (Louis), d'Avignon, fils de Maurice Bernard, notaire et greffier, et de Marie-Anne de Chartrouy. = R. 29 avril.

Bonnefoi (François-Joseph), de Carpentras, fils d'Horace et d'Anne Violène. = R. 22 mai.

Bocqui (Pierre), de Mazan. = R. 26 mai.

Justamon (Jean-Baptiste), de Bollène. = R. 10 juillet.

Salières de Fosseran (Louis-Paul de), d'Avignon, fils d'Elzéar, chanoine de la Métropole ; agrégé ;

évêque de Vaison et 1748. = R. 14 décembre.

1703

Folard (Paul-Jérôme), d'Avignon, fils de Jérôme ; agrégé ; mort à Paris le 14 décembre 1746. = R. 30 janvier.

Fauque (Joseph), de l'Isle, fils de Jean-Baptiste. = R. 25 mai.

Rey (Benoit-Denis), de Cavaillon. = R. 16 juin.

Grelly (Joseph-Philippe), de Valréas. — R. 13 juillet.

1704

Rousset d'Arquier (Louis-Henri), d'Avignon. = R. 26 janvier.

Rhodes (Jean-Baptiste-Robert de), d'Avignon ; assesseur en 1714 ; mort sans enfants. = R. 11 mars.

Viau (Louis-Joseph), d'Avignon. = R. 22 septembre.

Vitalis (Dominique), de Sault, diocèse de Carpentras, fils de Jacques. = R. 22 septembre.

Fabry (Pierre). = R. 4 octobre.

Pètre (Dominique), de Sarrian, marié avec demoiselle de La Castière. = R. 15 octobre.

Daugier (Simon-François), d'Avignon, fils de Joseph Ignace, avocat ; père de l'auditeur de Rote. = R. 16 octobre.

1705

Crivelli (Pierre-Ignace de), d'Avignon ; fils d'Antoine Laurent ; agrégé ; prêtre. = R. le 26 mai.

Barbier (Jean-Baptiste), d'Avignon, fils de Nicolas ; auditeur de Rote ; agrégé ; professeur ; primicier en 1731 ; assesseur en 1708 ; père du comte de Rochefort. = R. 8 juin.

Bressy (Alexis), du Thor. = R. 14 août.

Barthoquin (Charles-Esprit), de Carpentras. = R. 3 octobre.

Cadecombe (Paul de), d'Avignon ; fils de Paul ; J. U. D. ; mort sans enfants. = R. 7 octobre.

1706

Jaume (Joseph-François), de St-Saturnin, diocèse d'Avignon. = R. 28 avril.

Rivasse (Raimond-Ignace), de Caderousse, fils de Thomas. = R. 29 avril.

Trichet (François-Sébastien), d'Avignon. = R. 11 mai.

Pezet (Jean-Baptiste), de Malemort. = R. 21 mai.

Royère (Jean-Joseph), de Bonnieux. = R. 3 septembre.

Mouriès (Pierre-Joseph), d'Avignon ; fils d'Antoine Joseph. = R. 11 novembre.

1707

Cavalier (Thomas), de Cavaillon. = R. 22 juin.

Desagnes (Dominique), de Valréas. = R. 30 août.

Commin (Pierre), d'Avignon, fils de Jacques. = R. 5 septembre.

Olivier (Jean-Michel), d'Avignon, fils de Charles ; agrégé ; assesseur en 1736. = R. 5 septembre.

Armand (Esprit), d'Avignon, fils de Jean-Baptiste et de Marie de Bajuli. = R. 15 octobre.

Dumas (Jean-Baptiste), du Rasteau, diocèse de Vaison. = R. 26 novembre.

1708

Monery (Pierre), d'Avignon, fils de Claude César, père du seigneur de Montresor. = R. 12 juin.

Rostan (Jean-Claude), de Cavaillon, fils de Véran ; J. U. D. = R. 30 juin.

Bayol (Joseph-Ignace), d'Avignon, fils de Crispin ; assesseur en 1723, 1729 et 1733 ; auditeur de Rote et auditeur général. = R. 11 août.

Rhodes (Balthazar de), de Bonnieux, fils de Jean-Pierre. = R. 13 septembre.

Bassinet (Pierre-François-Hyacinthe), d'Avignon, fils de Joseph ; assesseur et 1715, 1725, 1726. = R. 14 septembre.

Deydier de Beauvillard (Henri), de Valréas, fils de Philippe Marie. = R. 27 septembre.

Vedrille (Jérôme), de Caderousse. = R. 2 octobre.

Reboulet (Simon), né à Avignon le 9 juin 1687, fils d'Etienne ; fut juge de St-Pierre ; agrégé en 1746 ; primicier en 1748 ; mort à Avignon le 17 février 1752. = R. 10 novembre. = *Mémoires du comte Claude de Forbin, chef d'escadre, chevalier de l'ordre de St-Louis. — Amsterdam (Avignon), 1730. — 2 vol. in-12.* = *Histoire de la Congrégation des filles de l'enfance de N.-S.-J.-C. — Amsterdam (Avignon), 1734. 2 vol. in-12.* = *Histoire du règne de Louis XIV. Av. Girard, 1742-44. 3 vol. in-4.* = *Histoire de Clément XI, pape. — Av. 1752. 2 vol. in-4.*

Granet (Ignace), de Richerenches, fils de Joseph-Louis. = R. 18 décembre.

1709

Ribiers (Esprit-Véran de), d'Avignon, fils de Sébastien ; agrégé ; professeur de droit civil ; primicier en 1735 et 1741 ; mort sans enfants. = R. 16 mai.

Levieux (Jean-Baptiste), d'Avignon, fils de Joseph ; primicier en 1736 ; mort le 11 août 1756. = R. 5 septembre.

Pezenas de Pluvinal (Antoine), d'Avignon, fils de Pierre-Joseph et de Justine d'Arlin ; agrégé ; archiviste. = R. 19 septembre.

Pezenas (Jean-Joseph), frère du

précédent, consul et juge à l'Isle ; mort à l'Isle le 21 janvier 1748. = R. 19 septembre.

Benoit (François-Philippe de), d'Avignon, fils de Michel ; agrégé ; auditeur de Rote ; mort le 1er septembre 1727. = R. 14 novembre.

1710

Chaternet (Joseph), d'Avignon, fils de Joseph Michel ; agrégé ; primicier en 1750. = R. 6 septembre.

1711

Aubert (Jean-François), de Valréas. = R. 21 février.

Dumas (Alexandre-Bernard), de Baumes, fils de Paul. = R. 26 février.

Matty (Jean-Ange-Véran-Dominique de), de Cavaillon, fils d'Antoine Véran. = R. 24 mars.

Ruel (Louis), de Mazan, diocèse de Carpentras, fils de Jean Thomas. = R. 16 avril.

Barbier de Jonquières (Pierre-Dominique de), de Carpentras, fils de Sébastien. = R. 23 juillet.

Julien (Gaspard-François), de Valréas, fils de Jean-François. = R. 6 août.

Crivelly (Louis-Joseph de), d'Avignon, fils de Ignace-Joseph ; agrégé. = R. 30 décembre.

1712

Malassagne (Laurent-Augustin). = R. 26 février.

Bonnefoy - Raoulx (Jean-Paul), de Carpentras, fils de Jean-Joseph. = R. 12 mars.

Bellis de Roayx (François-Claude de), de Keel, fils de Gaspard, lieutenant du roi du fort de Keel, et de Marie-Barbe de Loueneit ; abbé. = R. 10 septembre.

1713

Moyroux (Jean-François), de Besançon, fils de François ; agrégé ; mort le 26 février 1736. = R. 31 janvier.

Eymeric (Jean-Antoine d'), de Valréas, fils de Quénin. = R. 13 février.

Castan (Pierre-Joseph), de Pernes. = R. 8 mars.

Boet (Barthélemy), de l'Isle, fils d'Esprit. = R. 28 septembre.

Giry (Joseph), du Thor, fils d'Antoine. = R. 20 octobre.

Ricard (Denis), de l'Isle, fils d'Antoine. = R. 25 octobre.

Robin (François), de Malaucène, fils de Pierre. = R. 20 novembre.

1714

Garcin (Joseph-Antoine de), de Robion, diocèse de Cavaillon, fils de Paul-Joseph ; mort le 3 janvier 1757. = R. 11 août.

Thomas (Joseph), d'Avignon, fils d'Esprit et de Marguerite de Vaugier ; seigneur de St-Laurent ; agrégé ; professeur en droit canonique ; primicier en 1749 et 1761. = R. 13 septembre.

1715

Bertet (Antoine-François), d'Avignon, fils de François-Honoré ; agrégé ; seigneur de Roussas ; secrétaire de la Légation ; primicier en 1733. = R. 23 mai.

Bouchard (Michel), d'Avignon, fils de Jean-Baptiste et de Marie Richarde de Guillermis ; assesseur en 1735. = R. 2 avril.

Pezenas (François), d'Avignon, fils de Jean et de Marguerite de Court ; agrégé ; mort le 30 avril 1740. = R. 2 avril.

Bonneau (François), d'Avignon, fils de Louis ; agrégé ; mort le 5 février 1743. = R. 2 avril.

Esberard (François-Barthélemy), de Carpentras, fils de François-Hyacinthe et de Marguerite de Moneri. = R. 3 septembre.

Laprade (Henri-Joseph), de l'Isle, fils d'Henri-Joseph. = R. 3 septembre.

Barroux (Guillaume-Antoine du), de Caromb, fils de Guillaume et de Dorothée de Castagnon de St-Montan. = R. 5 octobre.

1716

Honoraty (François-Ange d'), d'Avignon, fils d'Antoine. = R. 13 août.

Basset (Louis), d'Avignon. = R. 20 août.

1717

Broutet (Guillaume-Joseph), d'Avignon, fils de Guillaume, petit-fils de Guillaume ; agrégé. = R. 29 avril.

Fomboneau (Louis-Bernard de), de Valréas. = R. 24 juillet.

Yverlac (Joseph-Jean), d'Avignon, fils de Pierre et de Thérèse-Marguerite de Benoit ; agrégé. = R. 9 septembre.

Barthélemy (Alexandre de), d'Avignon, fils de Jean-Gilles ; agrégé ; chanoine de St-Agricol et primicier en 1737. = R. 16 septembre.

1718

Fauque (Zacharie-Hyacinthe), d'Avignon, fils de Joseph. = R. 15 juin.

Crozet (Joseph-François), de l'Isle, fils de Joseph ; agrégé. = R. 26 août.

Teste (Joseph), d'Avignon, fils de Gabriel-Guillaume ; agrégé ; comte aux lois ; registrateur des bulles ; avocat des pauvres et consulteur du St-Office ; professeur perpétuel des institutes ; coseigneur de Venasque et St-Didier. = R. 30 août.

Astier (Jean-Joseph-Ignace), d'Avignon, premier juge du tribunal de St-Pierre depuis 1726 jusqu'à sa mort en 1760 ; assesseur en 1731. Benoit XIV l'anoblit par une bulle du 12 mai 1742, et en 1756 lui accorda une gratification en récompense de ses longs services. = R. 7 septembre.

Chapuis (Dominique de), de Valréas, fils d'Esprit. = R. 26 septembre.

Viau (Georges-Dominique), d'Avignon ; fils de Guillaume ; J.U.D.; agrégé. = R. 1er octobre.

Sibourd (Jean-François), de Venasque ; fils de Jean-Claude et de Marie-Catherine Fauque ; avocat général de la Chambre. = R. 15 novembre.

Tolomas (Joseph-Ignace-Alexandre), d'Avignon, fils d'Esprit-Gabriel ; correcteur des bulles ; primicier en 1734 ; mort sans enfants. = R. 1er décembre.

1719

Tondut (Antoine). = R. 22 juin.

Gay (Barthélemy-Joseph-Marie de), d'Avignon, fils de Guillaume-Joseph ; chevalier de St-Louis ; mort sans enfants. = R. 23 août.

Bonet (Joseph-François), ou **Bonet de St-Bonet,** de Carpentras, fils de Jacques ; marié avec Esprite-Louise de Coste ; consul de Carpentras en 1758, mort dans cette ville à l'âge de 65 ans, le 13 juin 1763 sans enfants. = R. 26 août. = *Tractatus de animalibus, curribus et plaustris. 2 vol. Av. 1761.* = *L'aventin, 1746, Paris, in-8°.* — *Les statuts du Comtat Venaissin, 2 vol. mss. bibl. Carpentras.*

Boutin St-Ange (Pompée de), d'Avignon, fils de Pierre ; agrégé ; mort sans être marié le 1er août 1755. = R. 5 octobre.

Arnaud (Pierre), de Mourmoiron, fils de Pierre. = R. 14 octobre.

Felix (Esprit-François de), d'Avignon, fils d'Henri ; agrégé. = R. 17 octobre.

Poyol (Dominique), de Carpentras, fils de Thomas : J. U. D. = R. 4 novembre.

1720

Gasquy (Vincent-Xavier), d'Avignon, fils de Joseph ; J. U. D. ; juge des Gabelles en 1751 ; consulteur du St-Office ; mort en 1774. = R. 19 janvier.

Viau (Pierre), d'Avignon, fils de Guillaume Véran. = R. 20 mars.

Bruneau (Joseph), de Cavaillon, fils de Thomas ; agrégé en 1746 ; mort le 27 mai 1756 à Cavaillon. = R. 23 mars.

Michel (Barthélemy-François), de Sérignan, diocèse d'Orange. = R. 5 août.

Poulle (Joseph), d'Avignon, fils de Claude-Ignace ; agrégé ; auditeur de Rote ; doyen des consulteurs du St-Office ; auditeur général lors de la reddition d'Avignon. = R. 3 septembre.

Ribouton (Joseph-Etienne), de Bedarrides, fils de Pierre ; avocat à Avignon ; juge de St-Pierre et avocat général. = R. 24 octobre.

Dumas (Pierre-Louis), d'Avignon, fils d'Esprit-Joseph et de Françoise de Fabre ; agrégé ; mort avant son père sans être marié le 1er décembre 1742. = R. 29 octobre.

1721

Cohorn (François de Paule de), de Carpentras, fils de Joseph-Philippe de Néri. = R. 13 mars.

1722

Barnouin-Loubières (Elzéar), de Beaumes, diocèse d'Orange, fils de Jean-Baptiste, chirurgien, et de Jeanne Loubières. = R. 10 décembre.

Gualteri (Jean-Joseph), d'Avignon, fils de Jean-Joseph ; J. U. D ; auditeur du Rote. = R. 22 décembre.

Bertrand (Jean-Laurent), d'Avignon, fils de Jean-Marie Alexandre ; assesseur. = R. 23 décembre.

1723

Miellon (Noël-Joseph), d'Avignon, fils de Louis ; assesseur en 1739. = R. 12 janvier.

Benoit (Jean-Joseph de), d'Avignon, fils de François-Ignace ; agrégé. = R. 1er février.

Giraud de la Savie (Antoine). = R. 6 mars.

Pays de Moracet (Joseph-Sébastien de), de Valréas, fils de Joseph. = R. 5 avril.

Mesles (Henri), de Valréas, fils de Joseph. = R. 5 avril.

Darut (Louis), de Valréas, père du comte de Grandpré. = R. 29 avril.

Poulle (Louis), d'Avignon, fils de Claude-Ignace ; agrégé ; abbé de Notre-Dame de Nogent-Sous-Couci ; primicier en 1772 ; prédicateur du roi ; mort le 8 novembre 1781. = R. 11 mai. = *Deux volumes de sermons.*

Guilhermis (Esprit - Joachim de), de Mazan, fils de François ; auditeur de Rote ; primicier en 1743, 1752 et 1762 ; agrégé ; professeur perpétuel du droit français ; comte-aux-loix ; lieutenant général de la sénéchaussée d'Avignon en 1767. = R. 12 août.

Thomas (Jean), de Bedoin, diocèse de Carpentras. = R. 20 août.

Dubois de Cochet (Bernard), d'Avignon, fils de Jacques et de Claudine de Bouquet. = R. 21 août.

Spinardy (Esprit-François-Gabriel), d'Avignon, fils de Joachim ; juge vétéran et célèbre avocat. = R. 26 août.

Blanc (Jean-Joseph), d'Avignon, fils de Dominique ; J. U. D.; mort sans enfants. = R. 9 septembre.

Proal (César), de Vaisson, fils d'Honoré. = R. 13 septembre.

Ruel (Joseph-Louis), d'Avignon, fils de Jean. = R. 22 septembre.

Rolory (Jean-Charles de), de Carpentras, fils de Paul ; mort sans être marié. = R. 24 septembre.

Duguó (Jean-Louis), de Sérignan, diocèse d'Orange, fils d'Antoine. = R. 21 octobre.

1724

Vitalis (Esprit-Joseph), de Cairanne, diocèse de Vaison, fils de Michel. = R. 12 février.

Crivelly (Georges), d'Avignon, fils de Jérôme ; assesseur en 1728 et subdélégué de l'Intendant. = R. 11 mars.

Philip (François), d'Avignon ; secrétaire de l'archevêque ; mort le 10 décembre 1729, marié à Françoise de Damiens, morte le 4 novembre 1736. = R. 24 mars.

Gueidan (Arnaud) de la Tour d'Aigues, prévôt de St-Didier. = R. 8 avril.

Bonet (Alexandre), d'Avignon, fils de César. = R. 11 avril.

Bonet (Louis), frère du précédent; agrégé en 1751. = R. 11 avril.

1725

Guilhermier (Jean-Pierre), de Bollène, fils de Jean, docteur en médecine. = R. 20 août.

Costan (François - Paul), de Pernes, fils de Pierre-Joseph ; J. U. D. = R. 20 août.

Chardon (Jean-François-Joseph-Marie), d'Avignon, fils de Joseph-Joachim. = R. 27 décembre.

1726

Barthélemy (Jean - Joseph - Thomas de), d'Avignon, fils de Jean Gilles ; agrégé; primicier en 1745 et 1760. = R. 15 janvier.

Provençal (Pierre-Joseph), d'Avignon, fils d'Esprit ; agrégé ; professeur de droit civil ; mort sans être marié. = R. 30 janvier.

Gantes de Raffelis (Louis-Henri de), d'Aix. = R. 18 juillet.

Guilhermis (Jean-Louis de), de Mazan, fils de François ; agrégé ; primicier en 1747, 1756, 1774 et 1781. = R. 7 août.

Gibert (Antoine-Joseph-Gaspard), de l'Isle, fils de Claude Gaspard ; plusieurs fois juge de l'Isle. = R. 24 août.

Teyssier (Thomas de), d'Avignon, fils de Jean-Hyacinthe ; agrégé en 1738 ; assesseur en 1740 ; primicier en 1759, 1771, 1779 ; auditeur de Rote ; mort en 1783, laissant un fils et deux filles. = R. 3 septembre. = *Histoire des souverains pontifes qui ont siégé dans Avignon. Av. Jean Aubert, 1784, in-4°.* =

Histoire de la ville d'Avignon et du comté venaissin, 2 vol. in-fol. mss. du musée Calvet.

Pons (Pierre), de Caromb. = R. 6 septembre.

1727

Bagnoly (Joseph-François), de Caumont, diocèse de Cavaillon, fils de Dominique ; avocat à Avignon ; juge de St-Pierre. = R. 3 janvier.

Templer (Charles-François), de Menerbe, diocèse de Cavaillon, agrégé ; avocat à Avignon ; juge de St-Pierre. = R. 4 août.

1728

Pusque (Jean-François-Joseph), d'Avignon, fils de Pierre, seigneur de l'Estagnol, père de madame de Cambis ; mort sans enfants mâles. = R. 14 janvier.

Hugonis (Jean-François d'), d'Avignon, fils de François. = R. 6 septembre.

Favori (Joseph), de Bedoin. = R. 9 septembre.

Ribiers (Joseph de), d'Avignon, fils de Joseph ; agrégé. = R. 18 novembre.

Folard (Hubert), fils de François-Joseph ; agrégé ; ministre du roi de France en Bavière. = R. 1er décembre.

Pélissier (Joseph de), né en 1706, à Visan, fils de François ; seigneur de La Garde Paréol ; auditeur de Rote ; président unique de la chambre apostolique à Carpentras. = R. 22 décembre.

1729

Bortet (Gabriel-Claude-Louis), d'Avignon, fils de Claude ; auditeur de Rote. = R. 13 juin.

1730

Fauque de Consenier (André-Marie), de La Roque-sur-Pernes, fils de François. = R. 28 février.

Darut (Joseph), de Valréas, fils de Joseph-Marie ; J. U. D. = R. 14 juillet.

Fabry de Châteaubrun (Dominique-Paul-François), fils de Joseph-Charles ; agrégé. = R. 9 décembre.

Laprade (Henri-Joseph), de l'Isle, plusieurs fois juge de l'Isle. = R. 9 décembre.

1731

Gay (Alexis-Joseph-Marie de), d'Avignon, prévôt d'Orange. = R. 11 août.

Rigaud (Joseph), fils de Philippe ; assesseur en 1738 ; mort sans enfants, le 16 décembre 1780. = R. 28 août.

Martinel (Ignace-François-Xavier), de Carpentras ; J. U. D. ; mort avant son père. = R. 6 septembre.

1732

Puy (François - Virgile - Hyacinthe), d'Avignon, fils de François; trésorier du pape, il se démit de cette charge en faveur de M. de Millaudon - Coudurier. = R. 23 février.

Bermond (Jean-Joseph - Hyacinthe), d'Avignon, fils de Jean Benoit. Son fils fut premier consul en 1789. = R. 31 mai.

Vernety (Ignace-Joseph), de Sorgues, fils de Jean-Baptiste; agrégé en 1738; consulteur du St-Office; lieutenant général de la sénéchaussée établie à Avignon en 1768. = R. 11 août.

Barriol (Esprit-Jacques). = R. 16 août.

Noyron (Jacques), de Malemort, diocèse de Carpentras, fils de Jean-Pierre. = R. 23 août.

1733

Boniety de Cairol (Joseph-Odde), de Pernes, fils de Jean-Joseph. = R. 10 janvier.

Gaudemaris (Charles-Joseph), de Baumes, diocèse d'Orange, fils d'Antoine. = R. 26 août.

Sallo (Jean - Esprit - Thomas de La), de Caromb, fils de Jean-Thomas; vice-gérent; mort sans enfants. = R. 4 septembre.

Floret de Bontemps (Jean-Claude), de Carpentras, fils de Jean, décédé sans enfants. = R. 10 novembre.

1734

Roque (Jean-Joseph), d'Avignon, = R. 26 janvier.

Ribiers (Louis-Alphonse de), de Sablet, diocèse de Vaison, fils de Joseph; mort sans enfants. = R. 28 août.

Ganne (Jacques-Joseph), d'Avignon, fils de Simon; prieur de Villelaure-en-Provence. = R. 11 septembre.

1735

Raoulx (Joseph - Charles), de Carpentras, fils de Jean-Paul: J. U. D.; trésorier de la Chambre à Carpentras. = R. 19 janvier.

Fermin (Joseph-Ignace), né le 29 août 1704 à Carpentras, fils de Thomas-Augustin et de Jeanne Delestre; décédé le 20 février 1789, ne laissant que des filles. = R. 25 avril. = 18 volumes manuscrits, *repertorium juris utriusque* (Bibliothèque de Charles Cottier).

Ricard (Dominique-Joseph), de l'Isle, fils d'Antoine, mort sans enfants. = R. 30 mai.

1736

Veras (Gabriel de), d'Avignon, fils de Gabriel, mort sans enfants. = R. 21 juillet.

Olivier (Jean-Joseph-Ignace-Charles), d'Avignon, fils de Jean Michel ; agrégé ; mort sans enfants. = R. 8 août.

Viau (Gabriel), d'Avignon, fils de Georges Dominique ; primicier en 1754 ; mort sans avoir été marié. = R. 9 août.

Vinay (Gabriel), d'Avignon, fils d'Honoré Joseph ; avocat ; juge de St-Pierre. Il laissa deux fils et une fille qui épousa Olivier du Rouret. = R. 22 août.

Roumillon (Louis-Gabriel), de Bollène, fils de Jean-François. = R. 25 août.

Philip (Emmanuel-François), d'Avignon ; fils de Firmin Joseph ; agrégé en 1738 ; secrétaire de l'archevêché ; professeur en droit civil ; marié à d^lle Aubert. = R. 13 septembre.

1737

Arnaud (Jean-Louis), de Visan ; prêtre ; mort à Rome. = R. 25 mai.

Vitalis (Crepin-Joseph), d'Avignon, fils de Dominique. = R. 3 septembre.

Tourreau (François-Benoit de), d'Avignon, fils de Louis ; mort avant son père sans alliance. = R. 23 décembre.

1738

Honoraty de Jouquerettes (Jacques-Ignace), fils de François ; agrégé ; abbé doyen de St-Pierre, ensuite prévôt de la métropole ; primicier en 1752 ; vice-gérent et consulteur du St-Office. = R. 31 mars.

Salis (Pierre-Amédée), d'Avignon, fils de Pierre-Joseph ; mort sans alliance. = R. 29 avril.

Anselme (Paul-Denis), de Noves, diocèse d'Avignon, fils de Denis ; comte de la Foulquette ; laissa un fils qui est mort sans postérité. = R. 30 avril.

Roure (Antoine du), de Visan, diocèse de St-Paul-trois-Châteaux, fils de Paul-Antoine. = R. 2 mai.

Favier (Henri-Joseph), d'Avignon, fils d'Esprit-Joseph ; avocat général de la Légation d'Avignon, ensuite auditeur général honoraire et garde-sceau des bulles ; créé marquis en 1788, mais marquis personnel et viager. = R. 9 mai.

Reimon (Philibert de). = R. 22 septembre.

Reirolles (Nicolas de), d'Avignon, fils de Jean ; mort sans alliance en 1787. = R. 6 décembre.

Garcin (Joseph-Pierre-Marie de), d'Avignon, fils de Joseph Melchior ; agrégé ; mort sans alliance en Amérique en 1749. = R. 12 décembre.

1739

Augier (Joseph-Ignace d'), d'Avignon, fils de Simon François ; auditeur de Rote ; marié le 15 février 1757 avec Magdeleine-Dorothée Suzanne de Margaïlet de Luïnes; mort laissant une fille et quatre fils. = R. 17 janvier. — L'un de ses fils, Augier (François-Marie-Eugène comte d'), né à Courtheson le 12 septembre 1764 fut vice-amiral en 1827 ; il fut député pendant quatorze ans jusqu'en 1830, et mourut à Paris le 12 avril 1834.

Hannin (Nicolas-François), d'Avignon, fils de Nicolas; agrégé ; marié à demoiselle Sarrance ; mort sans enfants mâles, laissant deux filles. = R. 7 mars.

Richard (Jérôme-Joseph-Jean-Baptiste), d'Avignon, fils de Joseph-François ; mort sans alliance. = R. 18 mars.

Dianous (Pierre-Antoine-Esprit-Joseph), de Sérignan, diocèse d'Orange, fils de Pierre-Joseph. = R. 21 mars.

Julien (François), de Valréas, fils de Gaspard-François. = R. 16 novembre.

Merle (Joseph-Alphonse), de Seguret, diocèse de Vaison, fils de Pierre. = R. 17 décembre.

1740

Broz (Gabriel-Rolland), de Carpentras, fils de Rolland, mort sans alliance. = R. 14 mai.

Barnod (Joseph-François), de Bollène, fils de Julien. = R. 12 juillet.

Rougnon (Alexis-Joseph), de Sablet, diocèse de Vaison, fils d'Esprit-Louis. = R. 20 juillet.

Salamon (François-Amé), de St-Roman de Malegarde, fils d'Alphonse ; plusieurs fois consul et juge à Carpentras. = R. 29 août.

Laffanous (Jean-François), de Jonquières. = R 3 octobre.

Fornery (Joseph-Louis-Xavier), de Carpentras, fils de Joseph et de Marie-Anne-Catherine Charpaud ; avocat ; consul ; juge et greffier de Carpentras. Son père était greffier de la cour ordinaire et majeure du comté-venaissin. = R. 20 octobre.

Olivier (Jean-Baptiste-Hyacinthe), d'Avignon, fils de Jean-Michel ; prêtre ; chanoine de la métropole ; mort le 2 avril 1746. = R. 9 novembre.

Martin (Antoine), d'Avignon, fils d'Antoine. = R. 22 décembre.

1741

Mounier (Gabriel), d'Avignon, fils d'Ignace-Dominique ; agrégé ; primicier en 1753. = R. 8 février.

Proyet (Jean-Joseph-François), de Carpentras, fils de Joseph ; archiviste et secrétaire d'Etat de la Légation d'Avignon. Il avait épousé demoiselle Jérémie et ne laissa que deux filles mariées. = R. 6 mai.

Neyron (Thomas-Amable), d'Avignon, fils de Jacques Apollinaire ; mort sans enfants. = R. 29 mai.

Astier (Joseph-Charles-Gabriel d'), d'Avignon, fils de Jean-Joseph-

Ignace; mort à Rome. = R. 14 juillet.

Valoris (Denis-François-Régis), de Carpentras, fils de Denis et petit-fils de François; mort à Carpentras le 28 mars 1781 empoisonné accidentellement par la jusquiame. Fut avocat, juge, recteur par intérim du comtat. = R. 22 août.

Testo (François-Joseph), d'Avignon fils de Joseph; agrégé; régistrateur des bulles de la Légation; primicier en 1758, 1770 et 1781. = R. 3 septembre.

Testo (Guillaume-François), frère du précédent, mort le 6 juin 1746 à Naples, sans alliance. = R. 3 septembre.

Trichet (Louis-Joseph-Amant-Ignace), d'Avignon, fils de François-Sébastien; mort sans alliance. = R. 6 septembre.

Bournareau (François-Sébastien), de Monteux, diocèse de Carpentras, fils de Joseph. = R. 23 novembre.

1742

Bremond (Jean-Paul), de Sablet, diocèse de Vaison, fils d'André; juge de St-Pierre et mort à Avignon sans alliance. = R. 21 mars.

Cavalier (Nicolas-Joseph-François), de Cavaillon, fils de Thomas, décédé laissant deux fils dont l'un au service militaire. = R. 21 mars.

Sibour (Joseph-Antoine), de Venasque, fils de Jean-Claude; chanoine de la cathédrale de Carpentras. = R. 23 juin.

Bouteille (Joseph-François-Charles), d'Aubignan, diocèse de Carpentras, fils de François; avocat, consul, juge et trésorier du pays; mort sans enfants mâles. = R. 20 août.

Floret (François-Marie), de Carpentras, fils de Jean-Baptiste; avocat, consul et juge. = R. 27 août.

Ribiers (Jacques-Nicolas de), d'Avignon, fils d'Esprit Véran; agrégé; mort à la Trappe. = R. 14 novembre.

Bonneau de Crozet (Jean-Baptiste-François), d'Avignon, fils de François; agrégé; mort sans alliance. = R. 12 décembre.

1743

Baudet (Louis), d'Avignon, fils de Jean-Baptiste; prêtre; auditeur de Rote. = R. 12 janvier.

Cottier (Philippe Bruno), de Carpentras, fils de Joseph Pascal; avocat et juge. = R. 10 août.

Bonety (Pierre-François), de Malaucène, diocèse de Carpentras, fils de Joseph-Antoine; obtint des lettres de noblesse du pape. = R. 28 août.

Cases de Fresquières (Alexandre-Joseph-Ignace), d'Avignon, fils de Guillaume-Ignace; obtint des lettres de noblesse du pape. — R. 31 août.

Monery (Ignace - Dominique Deidier), d'Avignon, fils de Pierre; avocat; procureur du roi à la Sénéchaussée et juge de St-Pierre. = R. 3 septembre.

Cadecombe (Paul de), d'Avignon, fils d'André et petit-fils de Paul; avocat et juge des gabelles d'Avignon. = R. 23 septembre. — Convaincu d'avoir tué sa femme d'un coup de couteau pour satisfaire, sans obstacle, ses goûts libertins, il fut décapité le 15 mai 1751.

« L'an 1751 et le 14e jour du » mois de mai, Mgr le Vice-Légat » me fit avertir comme on devait » tenir congrégation criminelle à » cinq heures du soir, à laquelle » je me rendis, et, après avoir lu » la liste des prisonniers et parlé » de l'affaire de chacun, je me re- » tirais, lorsqu'on commença à » parler de l'affaire du nommé » Noble Paul de Cadecombe, doc- » teur ez-droits, confés et con- » vaincu du crime d'uxoricide. La » congrégation finie, je me rendis » à la chapelle pour y réciter, avec » quelques confrères, les prières » accoutumées et pour prendre des » mesures pour lui aller annoncer » la triste nouvelle de sa condam- » nation ; et comme il s'agissait » d'une personne distinguée je ne » voulus point permettre que l'on » demandât par la ville comme » c'est l'usage établi dans notre » compagnie ; et je fus sur les » minuit, avec MM. Roques, vice- » recteur, Juvin, fils, trésorier, de » Limon, du Thor, Juvin, fils » cadet et Gasquet aîné.

» Étant arrivé dans les prisons » avec les Frères qui m'accompa- » gnaient, j'entrai dans la Chambre » du geolier et je me fis conduire » le dit sieur de Cadecombe, lequel » s'étant approché, je le fis asseoir » dans une chaise à côté des de- » grés qui sont à côté des cachots » et lui annonçai comme il devait » perdre la tête. Il n'eut pas de » peine à se résoudre. Soumis aux » volontés du ciel, il embrassa le » crucifix avec des larmes. Il fut » conduit dans la chapelle, où il » entendit quelques messes. Le R. » P. Bœuf, jésuite, le confessa, et, » sur les neuf heures et demie, la » sentence lui fut lue. Il témoigna » beaucoup de résignation aux vo- » lontés de Dieu, et, à dix heures » je fis approcher la compagnie, » laquelle arrivée à la barrière des » prisons, le dit de Cadecombe fut » livré entre les mains de l'exécu- » teur de la haute justice, et il fut » accompagné de moi, recteur, des » frères Roques et Arlaud, vice- » recteurs, du frère Juvin, trésorier, » du père Bœuf, jésuite, et de quel- » ques autres personnes de distinc-

» tion. Et étant arrivé au pied de » l'échafaud on fit les prières accou- » tumées après lesquelles ayant » mis la tête sur un pilotis, l'exé- » cuteur la lui fit sauter d'un seul » coup et il rendit l'âme à Dieu. » Je fis réciter le De Profundis au » pied de l'échafaud, et me retirai » avec la compagnie dans la cha- » pelle. Le corps fut exposé pen- » dant trois heures, après lesquelles » je me rendis avec la compagnie » à la place du Palais, pour le faire » porter dans le cercueil destiné » aux exécutés. On distribua des » cierges à tous les pénitents ; ceux » qui étaient portés autour du cer- » ceuil pesaient une livre chacun. » L'inhumation fut faite dans notre » antichapelle. Le corps était dans » une caisse, et on avait eu soin de » replacer la tête et de la recoudre » avec le corps dans le suaire. Ses » parents furent chargés des messes » à dire pour le repos de son âme, » des frais des linges et de l'enterre- » ment. V. Requiescat in pace ! R. » Amen.— Signé : Manne, recteur.»

Extrait de la page 29 du Livre des Exécutions et des délivrances de la confrérie de la Miséricorde d'Avignon. = Voir : *Essai historique sur le Christ d'ivoire de Jean Guillermin et sur la confrérie des pénitents noirs dits de la Miséricorde, fondée à Avignon en 1586, par Amédée Desandré, Avignon. J. Roumanille, libraire éditeur, 1865.*

Pezenas de Pluvinal (Barthélemy de), d'Avignon, fils d'Antoine ; agrégé ; mort à l'Isle le 12 février 1789 laissant un fils, garde du roi. = R. 11 décembre.

Pezenas de Pluvinal (Gaspard de), frère du précédent ; agrégé ; mort le 17 avril 1789 laissant un fils au service du roi dans le régiment du Barrois, et des filles. = R. 11 décembre.

1744

Fauque (Alexandre-Joseph), de Pernes, fils d'André-Marie Fauque de Centenier. = R. 23 juillet.

Allégier (Pierre-Louis), de Carpentras, fils de François. = R. 25 août.

Bonneau (Jean-Louis de), fils de François ; agrégé ; chanoine théologal, ensuite prévôt de la Métropole, primicier en 1751, 1763 et 1775. = R. 3 septembre.

Gautier (Jean-Baptiste-Trophime), d'Avignon, fils de Jean-Jacques, mort sans alliance. = R. 23 décembre.

1745

Fabry de Châteaubrun (Hyacinthe-François de Paule), d'Avignon, fils de François-Paul, père de Madame de Sigoyer ; agrégé ; se retira à Apt ; décédé sans enfants mâles. = R. 18 mai.

Serre (Pierre-Etienne de la). = R. 21 mai.

Viens (Joseph-Elzéar), de Bonnieux, fils de Joseph-Bernardin. = R. 7 août.

Vitalis (Emmanuel-Joseph), de Carpentras, fils d'Antoine. = R. 30 août.

Fabre (Pierre), d'Avignon, fils d'André, assesseur en 1768. = R. 9 septembre.

Simond (Jean-Hugues). = R. 9 septembre.

1746

Bruneau (Gabriel), de Cavaillon, fils de Joseph ; agrégé ; avocat général de la Légation en 1774, assesseur en 1762 et 1783, juge de St-Pierre et consulteur du St-Office, professeur de droit canonique. = R. 8 février.

Beauregard (Joseph-Hyacinthe-Charles de), d'Avignon, auditeur de Rote; agrégé ; primicier en 1785, trois fois assesseur ; recteur de la Miséricorde et de l'Hôpital. = R. 17 mai.

Brès (Rolland), de Carpentras, fils de François, avocat. = R. 16 août.

Michaelis (Joseph-Michel), de Carpentras, fils de Jean-Baptiste, avocat à Avignon; agrégé; deux fois juge de St-Pierre. = R. 24 août.

Maze (Honoré), d'Avignon, fils de François. = R. 24 septembre.

1747

Bertet (Nicolas-François), d'Avignon, fils d'Antoine-François ; agrégé. = R. 20 mars.

Bertet de Chaucrozet (Hyacinthe-Louis-André), frère du précédent, secrétaire de la Légation. = R. 20 mars.

Chaternet (Trophime-Ignace), d'Avignon, fils de Joseph ; agrégé; capiscol du chapitre de St-Didier, mort en 1786. = R. 21 juin.

Chaternet (Paul-Antoine), frère du précédent, assesseur, marié à la dame d'Anselme, mort laissant un fils et une fille. = R. 21 juin.

Dubois de Cochet (Paul-Bernard), d'Avignon, fils de Bernard ; agrégé. = R. 20 août.

Gontard (Jean-François-Barthélemy), du Thor, fils d'Etienne-François. = R. 14 août.

Levieux de la Verne (Louis-Joachim-Magne-Bernard), d'Avignon, fils de Jean-Baptiste, agrégé, primicier en 1766, mort sans alliance le 14 octobre 1781. = R. 18 août.

Levieux de la Verne (Esprit-Benoit-Jean-Baptiste), d'Avignon, frère du précédent, professeur perpétuel de droit français, comte aux lois, primicier en 1782, assesseur, épousa demoiselle de Fougasse de Tarascon. Il fut élu maire d'Avignon le 26 décembre 1791. = R. 18 août.

Pons (Jean-Pierre), de Caromb, fils de Pierre ; J. U. D., avocat à Carpentras, juge, syndic du pays et trésorier de la province ; obtint des lettres de noblesse. = R. 21 février.

Alançon (Philippe-Marie d'), de Valréas, fils de Joseph, deux fois juge de la cour majeure ordinaire de Valréas et de son ressort. = R. 13 février. = *Mémoire apologétique*, paru en 1754 pour se justifier d'avoir commis un attentat contre la juridiction de Mgr le Vice-Légat.

Loubaud (Nicolas), de Valréas, fils de François, juge majeur de Valréas, mort sans enfants. = R. 6 novembre.

1748

Geoffroy (Dominique), de l'Isle, père de Dame Pons de Carpentras. = R. 29 avril.

Tronc-Bouchony (Honoré-Jacob), de Carpentras, fils de Louis, marié à demoiselle Coulomb de Cavaillon, père du major de la garnison du pape. = R. 22 juillet. =

Rolland (Joseph-Guillaume) de Carpentras, fils de Jean-Paul, qui était docteur en médecine. = R. 7 août.

Reboulet (Ignace-Gabriel-Marie), d'Avignon, fils de Simon; agrégé; auditeur de Rote, assesseur en 1761, primicier en 1764. = R. 21 août.

Aubert (Charles-Marie), d'Eyragues, diocèse d'Avignon, fils d'Esprit, fut assesseur de la ville d'Avignon; primicier en 1765 et 1778, mort en novembre 1789. = R. 28 août.

1749

Tellus (Ignace-Marie), d'Avignon, fils de Marc-Antoine; son fils fut lieutenant particulier de la sénéchaussée d'Avignon. = R. 29 mars.

Gasparin (Joseph-François), de Cairane, diocèse de Vaison; agrégé; en 1753; marié à demoiselle Dumas, décédé laissant un fils au service du roi de France. = R. 11 avril.

Veye (Paul-Joseph), d'Aubignan, diocèse d'Orange, fils de Joseph-Marie. = R. 21 février.

Desgonys (Jean-Agnès), d'Embrun. = R. 21 octobre.

1750

Barcillon (Ignace-Nicolas), de Carpentras, fils de Joseph-François; juge et vice-recteur. = R. 23 février.

Bruneau (Joseph), de Cavaillon, fils de Joseph; chanoine du chapitre de St-Pierre; agrégé; primicier en 1777; mort en novembre 1789. = R. 17 mars.

Tronc (Joseph-Ignace-Xavier), d'Avignon, fils de Louis; épousa demoiselle de Reboulet; mort sans enfants. = R. 10 décembre.

1751

Cotton (Bernard-Xavier), de Mozan, fils de Jean-Joseph; avocat et juge à Carpentras; mort sans enfants. = R. 9 juillet.

Bonacier (Antoine-Joseph), de Carpentras, fils de Pierre ; avocat ; consul et juge. = R. 16 août.

Chaud de Colombier (Joseph-Hyacinthe), de Ville, diocèse de Carpentras. = R. 20 août.

Bassinet (Alexandre-Joseph de), né à Avignon le 22 janvier 1733, fils de Pierre-Joseph-Hyacinthe ; prédicateur de la cour ; grand-vicaire de Verdun ; mort à Paris le 16 novembre 1813. = R. 9 septembre. = *Panégyrique de St-Louis, 1767, in-8.* = *Articles du magasin encyclopédique.* = *Histoire moderne de Russie, 1802, 6 vol. in-8, traduction de l'anglais.* = *Histoire sacrée de l'ancien et du nouveau testament, 1806. 3 vol. in-8.*

Philip (Ignace), d'Avignon, fils de Firmin-Joseph ; prêtre ; vicaire capitulaire et chanoine de la métropole. = R. 1er octobre.

Olivier (Ignace-Michel), d'Avignon, fils de Jean-Michel ; chanoine de la cathédrale de Cavaillon ; primicier en 1768 et 1783. = R. 1er décembre.

1752

Tramier (Jean-Joseph-Antoine), de Venasque, fils de Joseph ; avocat à Carpentras ; se retira à Venasque. = R. 11 mai.

Cottier (Pierre-Philippe), de Malaucène, fils de Benjamin. = R. 2 août.

Charlet (Joseph-Paul), d'Avignon, fils Joseph ; seigneur de Beauregard ; frère de l'auditeur de Rote ; était assesseur le 19 septembre 1789. = R. 6 septembre.

1753

Sibour (Jean-Joseph-François), de Carpentras, fils de Jean-François ; avocat général de la Chambre et lieutenant général de la Sénéchaussée de Carpentras en 1768. = R. 6 août.

Brès (Dominique-Siffren-Alexis), de Carpentras, fils de Rolland. = R. 6 août.

Miellon (Pierre-Joseph), d'Avignon, fils de Joseph-Noël ; assesseur en 1768. = R. 20 août.

Roy (Jean-Antoine), de Cavaillon, fils de Benoit-Denis ; fut premier consul. = R. 4 septembre.

1754

Armand (Jacques-Philippe-Joseph d'), d'Avignon, fils d'Esprit ; agrégé ; ecclésiastique. = R. 15 février.

Armand (Jean-Baptiste-Pierre d'), d'Avignon, frère du précédent ; agrégé ; a vécu sans alliance. = R. 15 février.

Félix (François-Claude), de Carpentras, fils de François. = R. 6 août.

Tibaud (Joseph), de l'Isle, fils de François ; juge ; fut secrétaire du comité général des sections à l'Isle en 1793. = R. 5 septembre.

Eymeric (Henri-Joseph), de Valréas, fils de Joseph ; juge vétéran. = R. 23 septembre.

1755

Flandio de la Combe (Jean-Baptiste), originaire du comté de Nice, fils de Louis et d'Angélique-Martini ; trésorier général de France à Montpellier ; domicilié à Avignon, puis à Montpellier. = R. 17 mai.

1756

Barbier (Joseph-Gabriel-Jean-Baptiste), d'Avignon, fils de Jean-Baptiste et de demoiselle Broutet ; agrégé. = R. 24 février.

Bouteille du Planet (Bernard-Pierre), d'Aubignan, fils de François ; avocat à Carpentras ; syndic du pays et juge. = R. 14 décembre.

1757

Costaing (Antoine), de St-Marcellin, fils de Jean-Baptiste et de Marie-Guillermon ; avocat à Avignon, juge de St-Pierre et auditeur de Rote. = R. 21 avril.

Gaudemaris (Antoine-Jérôme-Félix-Augustin de), de Baumes, diocèse d'Orange, fils de Charles-Joseph ; réhabilité avec bref de marquis. = R. 26 mai.

Spinardy (Joachim-André-François), d'Avignon, fils d'Esprit-François-Gabriel, lieutenant particulier de la Sénéchaussée d'Avignon en 1768 et assesseur de cette ville. = R. 19 septembre. = Fut décapité le 7 juillet 1794, victime de la Terreur (Commission populaire d'Orange).

Tellus (Antoine-Louis), fils d'Ignace ; lieutenant particulier de la Sénéchaussée d'Avignon en 1768. = R. 30 septembre.

Gouyon (André), de Valréas. = R. 30 septembre.

1758

Bruneau (Paul-Louis), de Cavaillon, fils de Joseph ; agrégé ; primicier de l'Université en 1788. = R. 26 janvier.

Islan (Jean-François-Agricol), d'Avignon. = R. 21 février.

Spinardy (Jean-Pierre-Michel), d'Avignon, fils d'Esprit-François-Jacques ; assesseur de la ville et juge de St-Pierre ; marié à Demoiselle Hannin dont il a laissé une fille ; membre de l'Académie des Arcades de Rome. = R. 8 avril. = *Pie VI pontificis optimi maximi oratio panegyrica. — Avignon, Joseph Blery, in-4°, 10 pages.*

Bayle (Jean-Antoine), d'Avignon, assesseur de la ville, mort sans postérité. = R. 24 avril.

Gaudibert (Jacques-Antoine), de Carpentras, premier consul de

Carpentras en 1770, épousa une demoiselle Sibour. = R. 12 mai.

Casal (Antoine-Guillaume), de Caromb, diocèse de Carpentras, habitant à l'Isle, seigneur de Buisson, premier consul de l'Isle en 1789. = R. 27 juillet.

Rochemaure (Jacques de). = R. 4 août.

Brouttet (Joseph-Guillaume-Veran), d'Avignon, fils de Guillaume, fut comte en 1787 ; son frère était chevalier de St-Louis. = R. 14 novembre.

1759

Bertrand (Trophime-François-Régis), d'Avignon, fils de Laurent, assesseur de la ville et juge de St-Pierre. = R. 13 juin.

Ricci (Ange-Joseph-Marie), de Savonne. = R. 22 septembre.

Duclaux (Philippe-Nicolas), de Valréas, vécut sans alliance. = R. 2 octobre.

Navel (Jean-François), de Sarrians, diocèse d'Orange. = R. 18 décembre.

1760

Loubière (Dominique-Nicolas), d'Avignon, fils d'Elzéar, mort sans alliance. = R. 16 janvier.

Rousset (André-Antoine), de St-Saturnin d'Apt, prêtre. = R. 14 février.

Palun (Guillaume-Dominique), de Montpellier ; agrégé ; assesseur de la ville, juge de St-Pierre et professeur de droit civil, avocat du roi en la sénéchaussée d'Avignon, fut député d'Avignon à l'Assemblée nationale avec Tissot. = R. 11 août.

Barthélemy (Joseph-Agricol de), d'Avignon, fils de Jean-Joseph ; agrégé ; vécut sans alliance. = R. 20 août.

Poulle (Ignace-Dominique de), d'Avignon, fils de Joseph ; agrégé ; lieutenant des chevau-légers ; fut assesseur en 1789, mort sans alliance. = R. 27 août.

Goujon (Pierre-Gaspard), d'Avignon ; agrégé ; auditeur de Rote, épousa demoiselle Ricard, du Thor, dont il a laissé deux fils. = R. 26 septembre.

1761

Romette (Joannès), de Carpentras, consul, avocat et juge. = R. 16 juin.

Poyol (Claude-Hyacinthe), de Vaison, avocat à Carpentras, décédé laissant plusieurs enfants.

1762

Astier (André-Louis-Charles d'), d'Avignon, fils de Jean-Joseph-Ignace, marié avec demoiselle Bondon dont il eut plusieurs enfants, assesseur en 1783, juge de Saint-Pierre, élu officier municipal le 18 mars 1790. Il fut massacré le 1er septembre 1791 par les ordres de Jourdan Coupe-Tête. = R. 7 juin. = *Projet de règlement tendant à établir des tribunaux collégiaux dans Avignon et le Comtat. 1783, in-4 de 20 pages.* = *Dialogue entre Jacquemart et sa femme sur le mémoire distribué contre la ville d'Avignon sous le nom du doyen de la Rote, 1783, in-8 de 34 pages,* réponse au mémoire de Joseph de Poulle.

Barralis (Philippe-Antoine), prêtre de Nice. = R. 12 mars.

Bressy (Joseph-Louis-Esprit), du Thor, diocèse de Cavaillon, il fut juge de l'Isle et obtint des lettres de noblesse. = Son père fut massacré le 11 juillet 1790 par les patriotes du Thor. = R. 15 août.

Serène (Fabio-Jean), prêtre et chanoine pénitencier de la Cathédrale de Nice. = R. 23 septembre.

1764

Callaman d'Autanne (Jacques-Bruno), de Crillon, diocèse de Saint-Paul-trois-Châteaux, fils de Pierre-André et de Jeanne-Marie des Guigues ; fut juge majeur de Valréas. = R. 22 mai.

Roubaud (Pierre-Ignace), d'Avignon, mort à Paris. = R. 31 août.

Caissoti (Alexandre), prêtre de Nice. = R. 7 septembre.

Allemand (François-Nicolas), de Bedoin, diocèse de Carpentras. Fut décapité sous la Terreur, le 28 mai 1794 à l'âge de 59 ans. = R. 12 septembre.

Teste-Venasque (Joseph-Gabriel); d'Avignon, fils de Joseph ; agrégé ; professeur des Institutes, primicier en 1776. = R. 28 novembre.

Teste (Antoine-Joseph-Augustin de), de Pernes, avocat des pauvres, professeur en droit civil, promoteur de la manse archiépiscopale. Il fut primicier en 1790. Le 11 juin 1791, le collège des docteurs agrégés décida de ne pas procéder à une nouvelle élection et pria Teste de continuer. — Teste fut décapité le 22 juin 1794, victime de la commission populaire d'Orange ; il fut le dernier primicier. = R. 28 novembre.

Bernard (Pierre-François-Agricol), d'Avignon, notaire. Il fut décapité le 20 juin 1794, victime de la Commission populaire d'Orange. = R. 14 décembre.

1765

Malière (Benoit-Jean-François), né à Avignon en 1730 ; agrégé ; primicier en 1767 ; chanoine de la métropole, vicaire général et official capitulaire. Le 26 février 1791, Malière prêta le serment civique et se trouva seul chargé de l'administration épiscopale ; il fut élu vicaire général capitulaire remplaçant l'archevêque Giovio. En 1792 il fut déclaré inconstitutionnel et destitué. = R. 9 janvier.

Figuiera (Charles-François), prêtre du lieu d'Ize, diocèse de Nice ; chanoine de la cathédrale et vicaire général de l'évêque de Nice. = R. 22 mars.

Meffre (Joseph-Paul), d'Aubignan, diocèse d'Orange, fils de Joseph et d'Anne-Charlotte Veye. = R. 28 mars.

Casoni (Pierre-Antoine), de Nice. = R. 27 juin.

1766

Biscarrat (Claude), de Piolenc. = R. 13 mars.

Bruneau (Thomas-Gabriel-Antoine), de Cavaillon, fils de Joseph ; agrégé ; avocat à Avignon et juge de St-Pierre. Il fut élu substitut du procureur de la commune. = R. 21 mars.

Bertrand (Antoine-Ignace), d'Avignon. = R. 13 mai.

Salamon (Alphonse-Laurent-Antoine), de Carpentras, fils de François-Amat et d'Anne Eysseric ; archiviste et secrétaire d'Etat à Avignon ; vice-sénéchal de Montélimart. Il fut arrêté pendant la Terreur, transféré à la Conciergerie de Paris d'où il sortit le lendemain de la chute de Robespierre. Il fut maire de Lyon. = R. 4 décembre.

Tompier (Jean-André), de Menerbes, diocèse de Cavaillon, fils de Charles-François ; agrégé ; professeur en droit canonique à l'Université d'Avignon ; primicier en 1784 et bulliste garde-scel. = R. 6 décembre.

1767

Fabry d'Inguimberti de St-Véran (Philippe-Joseph-François de), né à Carpentras ; vice-recteur du Comtat-Venaissin ; mort sans enfants mâles à Carpentras le 30 octobre 1776. = R. 2 juin.

Le 11 juin 1768, Louis XV prend possession d'Avignon qu'il restitue au pape le 10 avril 1774.

1769

Vidal (Antoine), de Mahon, diocèse de Minorque. = R. 24 mai.

Vidal (Honoré-Marie-Louis), chanoine de la cathédrale de Nice. = R. 15 septembre.

1772

Tissot (Denis-Barthélemy), né à Carpentras le 14 février 1750, mort dans cette ville le 2 décembre 1818. = R. 4 août.

Olivier (Gabriel-Raimond-Jean-de-Dieu-François), né à Carpentras le 10 février 1753, fils d'Augustin-Raimond et de Louise-Françoise Vitalis ; marié à demoiselle de Ribouton ; professeur de droit civil ; conseiller à la Cour d'appel de Nimes ; décédé à Malemort (Vaucluse), le 30 novembre 1823. De 1776 à 1806 il fit paraître plusieurs ouvrages de jurisprudence. V. Barjavel. = R. 4 août.

Floret (Jean-Baptiste), de Carpentras. = R. 4 août.

1773

Guyon (Joseph - Charles - Alphonse), de Carpentras. = R. 18 février.

Cottier (François-Régis-Joseph-Charles), né à Carpentras le 13 février 1749, fils de Philippe-Bruno et de Marie-Thérèse-Catherine Reynaud ; premier consul de Carpentras en 1781 et 1787 ; vice-président de la chambre apostolique en 1786 ; avocat général du Pape dans le Comtat en 1789 ; conseiller à la Cour d'appel de Nîmes ; mort sans postérité le 14 avril 1822. Auteur de plusieurs ouvrages historiques relatifs au Comté-Venaissin. V. Barjavel. = R. 24 avril.

Bouteille du Planet (Charles-Alexis-François-Xavier), de Carpentras. = R. 16 décembre.

1774

Collet (Joseph-Pierre-Bernard-Elzéar), de Camaret ; avocat à Carpentras ; trésorier, ensuite syndic de la province. Il fut élu procureur de la commune d'Avignon le 26 décembre 1791. = R. 21 janvier.

Collet (Alexis-Joseph), du Thor ; avocat à Avignon, juge de Saint-Pierre. = R. 25 janvier.

Bon (Esprit-Joseph-Amat-Théobald), de Cairanne, diocèse de Vaison ; avocat à Avignon et juge de St-Pierre. = R. 22 février.

Baudet (François), de Mazan. = R. 26 février.

Peyre (André-Pacifique), né à Pézénas ; avocat à Avignon, substitut de l'avocat des pauvres. Il fut un des chefs les plus exaltés et les plus influents de la révolution d'Avignon. Le 11 juin 1790, de complicité avec Tournal, il fit massacrer le marquis de Rochegude, l'abbé Offray, Aubert et le marquis d'Aulan. Il fut député par la ville d'Avignon aux Etats-Généraux de France. = R. 13 septembre.

Ayme (Henri-François-Xavier), de Chateaurenard, diocèse d'Avignon ; avocat à Avignon. Il fut élu officier municipal le 18 mars 1790, puis juge national. Il fut massacré sur les ordres de Jourdan Coupe-tête. = R. 17 septembre.

Gleyze de Crivelli (Louis), de Vaison ; avocat à Avignon, substitut fiscal. = R. 20 septembre.

Verger (Joseph-Marie), de Venasque, agrégé ; avocat à Avignon ; juge de St-Pierre. = R. 24 septembre.

Hugues (Pierre-Joseph d'), d'Avignon ; agrégé ; fut procureur au Châtelet. = R. 17 novembre.

1776

Faudon (Joseph-Thomas), de Carpentras ; avocat ; consul et juge. = R. 29 mars.

Emeric (Jean-Joseph), né en 1749 à Eyguières, diocèse d'Arles ; avocat ; juge de St-Pierre ; commissaire du directoire exécutif près le tribunal civil et criminel de Vaucluse ; mort à Avignon en 1830. = R. 3 avril. = *L'Ermite de Vaucluse. — Carpentras, Devillario - Quenin, 1815, in-8° de 52 pages.* = *Notice sur les censives.* = *L'Homme rouge.*

Salamon (Louis - Siffrein - Joseph), né à Carpentras, le 22 octobre 1750; agrégé; doyen du chapitre de St-Pierre; auditeur de rote ; conseiller clerc au Parlement de Paris. Il fut incarcéré pendant la Terreur. = Il fut nommé évêque de St-Flour où il est décédé en 1829. = R. 11 avril.

Raphel (Jean - Joseph - Claude-Vincent), de Puyméras, diocèse de Vaison ; avocat. Il prit une part active à la nouvelle organisation politique du Comtat. Il fut élu officier municipal le 18 mars 1790, juge national le 10 août 1791, et Président du tribunal du district de Carpentras, en 1792. = R. 17 avril.

Costo (Joseph-Andéol), de Camaret, diocèse d'Orange. Il fut décapité le 11 thermidor, victime de la Commission populaire d'Orange. = R. 23 novembre.

Flassany (Joseph-François), du Thor. = R. 13 décembre.

1777

Tardieu du Colombier (Jacques - François - Xavier), des Pilles, diocèse de Vaison. = R. 10 janvier.

Félix (Etienne-Joseph-Ignace), de Carpentras. = R. 13 janvier.

Guillaume (François - Joseph - Louis - Joseph - Antoine), d'Aubignan. = R. 31 janvier.

Audouard (Antoine-Henri), de Gordes, diocèse de Cavaillon = R. 5 juin.

Reynaud (Joseph), de Nice, prêtre. = R. 31 juillet.

Romanin (Jacques-François), de Carpentras. = R. 31 juillet.

Philip (François-Esprit), d'Avignon, fils d'Emmanuel ; agrégé ; primicier en 1787. = R. 4 septembre.

Philip (Henri-Ignace-François), d'Avignon ; agrégé. = R. 4 septembre.

Costaing (Pierre-Fulcran), de Lodève ; avocat à Avignon. = R. 29 septembre

Bomo (Louis - Joseph - Eymeric de), de Valréas ; juge majeur à Valréas. = R. 7 novembre.

1778

Piot (Joseph-Louis-Joachin, d'Avignon ; agrégé ; auditeur de rote ;

assesseur. Il épousa demoiselle Charlet. = R. 30 janvier.

Rolland (Joseph-François-Xavier), de Carpentras. = R. 14 février.

Vincenti (Jean-François), de Mornas. = R. 13 mars.

Giraudy (Antoine-Honoré-Paul), de Mazan; marié à demoiselle Spinardy; avocat et juge à Carpentras. = R. 5 mai.

Curel (Joseph-Louis), de Carpentras. = R. 8 août.

Poulle (François-Agricol), d'Avignon; assesseur; primicier en 1786; consulteur du Saint-Office. = R. 26 novembre.

Poulle (Benoît-Jean-André), d'Avignon, frère du précédent; agrégé; chanoine de la métropole; vice-gérent; vicaire-général et official de l'archevêché. = R. 26 novembre.

Rey-Dubaron (Charles-François-Augustin de), de Valréas; auditeur de rote; consul et juge à Valréas; décédé en 1788. = R. 16 novembre.

1779

Goudareau (Joseph-Marie-Michel), d'Avignon. = R. 30 mars.

Vinay (Pierre-Claude), d'Avignon; agrégé. Il fut élu substitut du procureur de la commune le 18 mars 1790. = R. 20 mai.

Paul (Joseph-Louis), de l'Isle. R. 12 novembre.

Gaud (Joseph-Marie-Antoine-Lambert), de Valréas. = R. 7 décembre.

1780

Costaing de Pusignan (Jean-Joseph-François), d'Avignon, mort le 20 novembre 1820. Fut chartreux à Bompas; membre de l'Athénée de Vaucluse. = R. 27 janvier. = *Histoire naturelle et particulière de l'esturgeon, Av. Fr. Chambeau in-8 de 8 pages.* = *La muse de Pétrarque dans les collines de Vaucluse ou Laure des Baux, sa solitude et son tombeau dans le vallon de Galas. Avignon, Bonnel fils. 1819. in-12 de 282 pages.*

1781

Serre de Fondouce (Joseph-François de la), prêtre et chanoine de l'église collégiale de Pézénas, fils de Louis-César de La Serre, baron de La Coste et seigneur de Fondouce, et de dame Catherine de Peyre de Pézénas. = R. 15 février.

Gilles (Jean-Baptiste), de Beaumes. = R. 11 juin.

Pertuys (Jean-Antoine de), du Bar, diocèse de Grasse, avocat à Avignon; agrégé. = R. 6 août.

Olivier du Rourot (Joseph-François-Gabriel), de Carpentras; marié à demoiselle Vinay; agrégé; correcteur des bulles apostoliques et avocat à Avignon. = R. 23 août.

St-Maurice (François-Marie-Clément de), de Creslet, diocèse de Vaison; marié à demoiselle Pastour; avocat à Avignon. = R. 29 octobre.

Chauvin (Victor-Pierre), du Puymeras. = R. 29 novembre.

1782

Aubery (Joseph-Etienne-Auguste-Sébastien), né à Malaucène le 28 août 1742, mort dans cette ville le 1er juillet 1824; notaire et avocat, puis juge de paix dans son pays natal. = R. 20 février.

Clavel (Joseph-Elzéar), d'Avignon; avocat. Le 22 février 1790, après le renversement du Consulat, il fut nommé administrateur provisoire de la commune d'Avignon. = R. 20 février.

Tissot (Louis-Guillaume). Il fut élu procureur de la commune d'Avignon le 18 mars 1790; et député aux Etats-généraux de France, le 13 juin 1790. = R. 26 juillet.

Morel (François-Xavier-Genet), de Venasque, avocat à Carpentras. = R. 21 octobre.

1783

Brun-Boissière (Michel-Antoine-Balthazar), de Toulon, fils d'Antoine-Balthazar de Brun, trésorier de la marine et de Marie-Claire de Boissière; fut sous-diacre. = R. 6 juin.

Romillon (Joseph-François), de Bollène. = R. 2 août.

1784

Martin (Joseph-François-Ange), de Carpentras. = R. 5 janvier.

Roux (Jean-César-Irénée), de Lyon, marié à demoiselle de Roux, sa cousine; agrégé; avocat à Avignon. = R. 13 mars.

Tibaud (Antoine-Esprit), de l'Isle; marié à demoiselle Goudareau. = R. 5 avril.

Dubois de Cochet (Louis-Bernard), d'Avignon; avocat; agrégé. = R. 15 avril.

Moricelly (François), de l'Isle. = R. 29 avril.

Barjavel (Joseph-François), né à Carpentras le 7 novembre 1764, fils de Paul-Joseph et de Jeanne-Delphine Morand. Membre de la Commission populaire d'Orange, il fut condamné à la peine de mort le 7 messidor an 3, et il fut décapité le lendemain à trois heures de l'après-midi. = R. 16 mai.

Gailhardon (Etienne), de Malaucène. = R. 25 mai.

Castan de St-Privat (Louis-François-Marie), d'Orange. = R. 15 novembre.

Cappeau Fournier de St-Marc (Jean-Pierre), d'Avignon, marié à demoiselle Giroud. = R. 13 décembre.

1785

Besbiguier (Alexis-Ignace-Dominique), de Carpentras. = R. 4 janvier.

Alançon (François-Philippe-Frédéric d'), de Valréas; juge majeur. = R. 22 février.

Croze (Pie-André), de Chateaurenard, avocat à Avignon. = R. 5 mars.

Seyssau (François), de Monteux; marié à demoiselle Tardieu de Valause. = R. 18 avril.

Blanc (Joseph-François), de l'Isle. = R. 26 avril.

Boyer (Joseph-François), de Carpentras, avocat à Avignon. = R. 15 juin.

Vinay (Pierre-Marie-Gabriel-Michel), d'Avignon; agrégé; avocat. Il fut substitut du procureur de la commune d'Avignon. = R. 12 août.

Minuty (Paul-Alexandre), de Serignan. = R. 13 août.

1786

La Palud (Pierre-Clément de), de St-Ferréol, diocèse de Dié; juge à Valréas. = R. 9 août.

Castan (Charles-François-Marie), de Pernes. = R. 23 août.

1787

Chauderat-Giraud (François-Alexis), d'Avignon, marié à demoiselle Gaujer. = R. 27 janvier.

François (Charles-François), d'Avignon, fils de Joseph-Hyacinthe et d'Angélique Figuière. = R. 28 février.

Allié (Jean-Baptiste), d'Avignon, marié à demoiselle Chambeau; avocat. = R. 3 mai.

Raynard (Jean-Baptiste-Vincent), de Mazan, diocèse de Carpentras. = R. 26 mai.

Raphel (Louis-Alexis), du Puymeras, fils de Jean-Louis-Gabriel, notaire et greffier du Puymeras, et de Thérèse de Joannis; avocat. = R. 10 novembre.

1788

Durand du Plagnol (Félix-Augustin), de Caromb. = R. 27 mai.

Cathelany (Etienne-Augustin), du lieu de Caumont, diocèse de Cavaillon, fils de Jean-Augustin, garde du sceau de la vice-gérence d'Avignon, ancien greffier du palais apostolique, et de Jeanne Lanfroi. = R. 22 septembre.

1789

Cottier-Julian (Joseph-Marie-Victor-François), né à Carpentras le 26 février 1767, fils de Philippe-Bruno. Il fit partie de l'Assemblée représentative du Comtat lors de la médiation de la France. = R. 20 février.

Sibour (Jean-Baptiste-Joseph de), de Carpentras = R. 19 mai.

Gilles (Auguste-Claude), d'Avignon. = R. 19 mai.

Villart (Ignace-François-Xavier), d'Avignon, fils de François et de Rose-Elisabeth de Michelet; agrégé. = R. 14 février.

Bayle (Pierre-Marc), du lieu d'Entrechaux, diocèse de Vaison. = R. 22 juillet.

Tempier (Elzéar-Agricol-Casimir), d'Avignon, fils de Charles-François; agrégé. = R. 1er août.

Teste (Joseph-Louis-César de), d'Avignon, fils d'Antoine-Joseph-Augustin et de Gabrielle Casarie de Teste, de St-Didier; agrégé. = R. 5 août.

Gasquy (Vincent-Xavier-Marie de), d'Avignon, fils de Vincent-Xavier et de demoiselle Thomas, d'Orange; agrégé. = R. 8 août.

Boudou (Léonard-Vincent), né à Carpentras le 22 janvier 1765, mort à Paris le 21 septembre 1809. Il a publié en 1808 les œuvres complètes de l'abbé Arnaud. = R. 30 novembre.

1790

Lambot (Jean-François-Elzéar), de Lambesc, diocèse d'Aix. = R. 27 janvier.

L'Université d'Avignon fut supprimée le 8 Décembre 1790.

FIN

TABLE ALPHABÉTIQUE

DES

DOCTEURS EN DROIT CIVIL

DE

L'Université d'Avignon.

(Les nombres de la première colonne indiquent l'année de réception au Doctorat).

A

Pages.

1556 Achard (Pierre) . . 34
1513 Acuto (Jean de) . . 25
1684 Adnisard (Noël) . . 89
1647 Adrechi (Jean-François) 65
1602 Agar (Paul d') . . . 46
1659 Agar (Paul d') . . . 72
1553 Agarin (Jean) . . . 33
1558 Agarin (Honoré) . . 35
1671 Agnès (Nicolas) . . 80
1558 Aguilhoni (Léonard) . 35
1556 Aguilloñet (Robert) . 34
1551 Aiguesi (Raymond d') 32
1624 Aillaud (Alexis) . . 54
1687 Alançon (Joseph d') . 90
1747 Alançon (Philippe-Marie d') 112
1785 Alançon (François-Philippe-Frédéric d') 122
1541 Albaneli (François) . 30
1573 Albert (Martin) . . 38
1621 Albertas (Sébastien d') 52
1500 Alberti (Pierre) . . 24
1567 Alberti (Michel) . . 36
1610 Alby (François-Marie) 49
1557 Alen (Pierre) . . . 34
1553 Alizai (Honoré) . . 33
1646 Allard (Louis d') . . 65
1744 Allégier (Pierre-Louis) 110
1764 Allemand (François-Nicolas)' 116
1787 Allié (Jean-Baptiste) 122
1571 Allouate (Guillaume) 38
1573 Almerani (Pierre) . 38
1573 Almerani (Paul) . . 38
1650 Almeras (Hercule d') . 67
1661 Alphand (Jean) . . 73
1572 Alphandi (Raphël) . 38
1695 Alphons (Louis) . . 94
1650 Alphonse (Jean d') . 66
1616 Altoviti (Jacques d') . 51
1681 Alverny (Etienne-Marie d') 87
1532 Alzeati (Paul d') . . 28
1525 Amabachus (Boniface). 26
1435 Amalorthy (Antoine) . 20
1383 Amanatis (Boniface de) 17
1566 Amand (Dominique) . 36

1671 Amblard (Martial) . . 80
1689 Amblard (Paul-Hyacinthe de) 91
1676 Ambroise (Claude) . . 83
1452 Ambrosius (Gabriel de) 21
1651 Ambrun (Maurice d') . 68
1644 Amphoux (Guillaume d') 63
1644 Anastasi (Claude) . . 63
1669 Andoare (Michel) . . 79
1555 André (Bertrand) . . 33
1618 André (Jean) 51
1623 André (Pierre) . . . 53
1631 André (Jérôme) . . . 57
1632 André (Balthazar) . . 57
1650 André (Elzéar de) . . 66
1655 André (Jean) . . . 70
1505 Andrici (Raymundus) 25
1534 Andrici (François) . 28
1610 Anelli (Pierre) . . . 48
1604 Anglesi (Gaspard) . . 46
1634 Anglesi (Victor) . . 58
1642 Anglesy (André) . . 62
1642 Anglesy (François) . 62
1668 Anglesy (Thomas-François-Marie d') . 78
1679 Anglesy (Jean d') . . 86
1559 Anrieti (François) . . 35
1738 Anselme (Paul-Denis). 106
1639 Antelme (Jacques d') . 60
1554 Antelmi (Louis) . . 33
1688 Antheaume (Esprit) . 91
1552 Antoine 32
1655 Antoine (Nicolas) . . 70
1672 Antoine (Charles-François d') 82
1611 Antoines (Claude des) 49
1660 Appais (Jean-Esprit) . 73
1666 Appais (Joseph) . . 76
1654 Appian (Joseph-Maurice) 70
1545 Aqueria (Joseph d') . 31
1583 Aqueria (Rostaing d') . 41
1610 Aqueria (Pierre d') . 49
1619 Aqueria (Thomas d') . 52
1567 Aquiola (Claude) . . 36
1503 Aramon (Jean d') . . 17
1634 Arati (Antoine) . . . 58
1592 Arbaud (Joseph) . . 43
1649 Arbon (Pierre d') . . 66
1653 Arche (Germain de l') 69
1523 Archieri (Sébastien) . 27
1648 Ardouin (Charles) . . 65
1672 Arène (François d') . 81
1627 Argenti (François) . 55
1569 Arici (Vincent) . . . 37
1652 Arlatan de Beaumont (Joseph) 69
1654 Arlatan (Jacques d') 69
1515 Arles (Hugues d') . . 25
1670 Arlhac (Jean d') . . 80
1707 Armand (Esprit) . . 98
1754 Armand (Jean-Baptiste-Pierre d') . . . 113
1754 Armand (Jacques-Philippe-Joseph d') . . 113
1532 Armandi (François) . 28
1624 Armands (Jean-Nicolas des) 53
1661 Armands (Esprit des) . 73
1668 Armands (Louis d') . 78
1690 Armands (Joseph-Louis des) 91
1693 Armands (Joseph des) . 93
1672 Armin (François des) . 81
1602 Arnaud (César) . . . 46
1643 Arnaud (Elzéar) . . . 63
1643 Arnaud (Claude). . . 63
1719 Arnaud (Pierre) . . . 101
1737 Arnaud (Jean-Louis) . 106
1452 Arnaudus (Guillelmus) 21
1675 Arnevin (Jean-Ange) . 83
1586 Arnoud (Viètres) . . 42
1611 Arnoulx (Pierre d') . 49
1587 Arnulphi (Pierre) . . 42

1676 Arpeau (Pierre-François) 84
1559 Arvins (Louis) . . . 35
1605 Assinel (Jean) . . . 47
1628 Assy (Guillaume) . . 56
1569 Astac (André d') . . 37
1480 Astasio (Jacques) . . 23
1425 Astier (Pierre) . . . 20
1616 Astier (Charles) . . 51
1645 Astier (André) . . . 64
1651 Astier de Sobirats (Paul-François d') . 67
1700 Astier (Joseph-Benoit) 96
1718 Astier (Joseph-Jean-Ignace) 101
1741 Astier (Josch-Charles-Gabriel) 107
1762 Astier (André-Louis-Charles d') 115
1448 Astouaud (Louis) . . 21
? Aubert (Etienne) . . 15
1609 Aubert (Jean) . . . 48
1700 Aubert (Joachim) . . 96
1711 Aubert (Jean-François) 99
1748 Aubert (Charles-Marie) 112
1782 Aubery (Joseph-Etienne-Auguste-Sébastien) 121
1647 Aucoussi (Antoine) . . 65
1582 Audibert (Pierre) . . 41
1612 Audibert (Raimond) . 49
1661 Audibert (Dominique) 73
1685 Audibert (Claude-Dominique d') . . . 89
? Audiberti (Raymundus) 14
1654 Audiffret (François d') 70
1697 Audiffret (Charles d') 95
1539 Audoin (Francois) . . 30
1777 Audouard (Antoine-Henri) 119
1693 Aufossy (Jean-Antoine-Joseph) . . . 93
1634 Augier (Esprit-François d') 58
1639 Augier (François d') . 61
1739 Augier (Joseph-Ignace d') 106
1642 Aureau (Jean-Pierre d') 62
1451 Aurelianis (Jacobus de) 21
1528 Auriac (Sixte d') . . 27
1610 Autran (Pierre) . . 49
1632 Autran (Esprit d') . . 57
1637 Autran (Jean) . . . 60
1645 Autric de Ventimille (Guillaume d') . . 64
1642 Avena (Jean-Baptiste) 62
1637 Avène (Robert) . . . 60
1527 Avènes (Pierre des) . 26
1553 Avignon (Etienne) . . 32
1579 Avignon (Nicolas) . . 40
1638 Avignon (Jean) . . . 60
1589 Aycard (Paul) . . . 42
1619 Aymard (Pierre d') . 52
1647 Aymard (Claude) . . 65
1774 Ayme (Henri-François-Xavier) 118
1654 Aymonier (Jean) . . 70

B

1671 Bachod (Claude-François) 80
1624 Bagulard (Jean) . . 53
1630 Bagulard (Paul) . . 56
1638 Bagulard (Pierre de) . 60
1663 Bagulard (Simon de) . 75
1670 Bagulard de Saint-Hilaire (Paul de) . 80
1552 Badire (Etienne) . . 32
1727 Bagnoly (Joseph-François) 104

1682 BAGON (Jean-André) . 88
1631 BAIROUX (Jean-Baptiste) 57
1683 BAJULIS (Jacques-Philippe) 88
1697 BALBANY (Joachim) . 95
1448 BALBY (Louis) . . . 21
1604 BALLARIN (Jean) . . 47
1617 BALLON (Gaspard de) . 51
1612 BALLY (Pierre) . . . 49
1545 BALTHAZAR (Christophe) 30
1551 BALTHAZAR (Christophe) 32
1596 BALTHAZAR 44
1654 BARBAROUX (François de) 69
1621 BARBEIRASSIEU (Antoine) 52
1593 BARBIER (Dominique) . 44
1635 BARBIER (Antoine-Laurent) 59
1637 BARBIER (François-Antoine) 60
1668 BARBIER (Jérôme) . . 78
1674 BARBIER (Jean-Baptiste) 83
1683 BARBIER DE PIEDFAUCON (Jean-Ignace de). 88
1705 BARBIER (Jean-Baptiste) 97
1711 BARBIER DE JONQUIÈRES (Pierre-Dominique) . 99
1756 BARBIER (Joseph-Gabriel-Jean-Baptiste) . 114
1750 BARCILLON (Ignace-Nicolas) 112
1784 BARJAVEL (Joseph-François). 121
1691 BARNEOUD (Julian) . . 92
1559 BARNIER (Antoine) . . 35
1740 BARNOD (Joseph-François. 107
1722 BARNOUIN - LOUBIÈRES (Elzéar) 102
1557 BAROTI (Lazare) . . . 34
1616 BARRALIER (Claude-Philippe de). . . . 51
1641 BARRALIER (Michel) . 62
1650 BARRALIER (Charles de) 67
1652 BARRALIER (Simon de). 69
1680 BARRALIER (Joseph) . 86
1762 BARRALIS (Philippe-Antoine) 116
1605 BARRAS DE LA RUBINE (Antoine). 47
1608 BARRAS (Pompée de) . 48
1632 BARREL (Guillaume) . 57
1564 BARRÊME (René de). . 36
1589 BARRÊME (Jean de) . . 42
1619 BARRÊME (Pierre) . . 52
1643 BARRÊME (Louis de) . 63
1574 BARRESSI (Gaspard). . 38
1600 BARRESSI (Pierre-Antoine) 45
1613 BARRESSI (Charles) . . 50
1632 BARRESSI (Esprit-Pierre) 57
1637 BARRESSI (François-Charles) 60
1649 BARRESSI (Charles-Louis). 66
1549 BARRIER (Jacques) . . 31
1580 BARRIER (Jérôme) . . 41
1582 BARRIER (Louis) . . . 41
1611 BARRIER (Antoine) . . 49
1732 BARRIOL (Esprit-Jacques) 105
1715 BARROUX (Guillaume-Antoine du). . . . 100
1528 BARRUEL (Jean) . . . 27
1701 BARTHALIER (François) 96
1641 BARTHALOT (Berthol) . 62
1641 BARTHÉLEMY (François) 62
1678 BARTHÉLEMY (François) 85

1678 Barthélemy (Jean-Gilles). 85
1717 Barthélemy (Alexandre de) 100
1726 Barthélemy (Jean-Joseph-Thomas de) . 103
1760 Barthélemy (Joseph-Agricol de) 115
1634 Barthoquin (Thomas). 58
1669 Barthoquin (Paul-Ignace) 79
1694 Barthoquin (Pierre-Jacques) 94
1705 Barthoquin (Charles-Esprit) 97
1716 Basset (Louis) . . . 100
1635 Bassinet (Jean) . . . 59
1658 Bassinet (Joseph) . . 71
1686 Bassinet (Jean-Dominique). 90
1708 Bassinet (Pierre-François-Hyacinthe) . . 98
1751 Bassinet (Alexandre-Joseph de) 113
1604 Bastet (Mathieu) . . 46
1610 Bastide (François de La). 48
1620 Bastide (Charles de La) 52
1683 Bastide (Louis de). . 88
1568 Baucoronati (Pierre) . 37
1695 Baucoux (Jean-Baptiste) 94
1589 Baud (Claude) . . . 43
1614 Baud (Siméon). . . . 50
1620 Baud (Jean) 54
1743 Baudet (Louis) . . . 108
1774 Baudet (François) . . 118
1670 Baudini (Jean-Baptiste) 79
1548 Baudoli (Antoine). . . 31
1496 Baudony (Pierre) . . 24
1537 Baudrat (Jean) . . . 28
1659 Baulme (Joseph de la). 27
1624 Baumon (Louis) . . . 54
1614 Bausset (Antoine de) . 50
1639 Bausset (Nicolas de) . 61
1671 Bausset (Pierre de) . 80
1671 Bausset (Jean-Baptiste de) 80
1627 Bauvois (Paul de) . . 55
1758 Bayle (Jean-Antoine) . 114
1789 Bayle (Pierre-Marc) . 123
1660 Bayol (Louis). . . . 78
1708 Bayol (Joseph-Ignace). 98
1576 Beau (Louis) 38
1579 Beau (Gabriel) . . . 40
1604 Beau (Jean) 46
1612 Beau (Pierre). . . . 49
1616 Beau (Georges de) . . 51
1619 Beau (Hector) . . . 52
1627 Beau (François). . . 55
1630 Beau (Jean) 56
1636 Beau (Louis) 59
1644 Beau (Thomas) . . . 63
1650 Beaudin (Antoine de) . 66
1633 Beaufils (André) . . 57
1597 Beaumont (Pierre de) . 45
1694 Beaupré (Nicolas Fallot de) 94
1746 Beauregard (Joseph-Hyacinthe-Charles de) 111
1622 Beausset (Pierre de) . 53
1647 Beauvoir (Jean-Baptiste de) 65
1658 Beauvoir (Jérôme de). 69
1644 Bedarrides (Gaspard de) 63
1654 Bedarrides (Boniface de) 69
1567 Bedini (Gaspard) . . 36
1622 Bègue (Barthélemy de) 53
1626 Beleri (Antoine). . . 54
? Bellamera (Gilles de). 16
1683 Bellet (Nicolas). . . 88
1557 Bellicoma (Denis) . . 34

1564 BELLIN (Charles). . . 36
1683 BELLIN (Antoine) . . 88
1712 BELLIS DE ROAYX (François-Claude de). . . 99
1556 BELLON (Jean) . . . 34
1577 BELLON (François) . . 38
1608 BELLON (François) . . 48
1608 BELLON (Pierre) . . . 48
1641 BELLON (Paul). . . . 62
1669 BELLON (Jean-Marie) . 70
1583 BELLOT (François) . . 41
1559 BENE (Fabius di). . . 35
1397 BENEDICTI (Guillaume) 17
1576 BENIGNE (Charles) . . 38
1607 BENIGNI (Louis) . . . 47
1555 BENOIT (Laurent). . . 34
1560 BENOIT (Gilles) . . . 35
1564 BENOIT (Christophe) . 36
1581 BENOIT (Jacques). . . 41
1589 BENOIT (François) . . 42
1600 BENOIT (François de) . 45
1600 BENOIT (Louis de) . . 45
1612 BENOIT (Sébastien) . . 50
1624 BENOIT (Antoine). . . 54
1626 BENOIT (Louis) . . . 54
1629 BENOIT (Antoine). . . 56
1633 BENOIT (Claude). . . 58
1636 BENOIT (César de) . . 59
1650 BENOIT (Ignace-François de) 67
1662 BENOIT (Michel de) . . 74
1662 BENOIT (Gilles de) . . 74
1677 BENOIT (Etienne de) . 84
1684 BENOIT (Esprit de) . . 89
1687 BENOIT (Louis-Gabriel de) 90
1709 BENOIT (François-Philippe de) 99
1723 BENOIT (Jean-Joseph de) 102
1534 BÉRARD (Labeo) . . . 28
1582 BÉRARD (Jean) . . . 41
1601 BÉRARD (Pierre) . . . 45
1636 BÉRARD (Pierre) . . 95
1555 BERARDI (François). . 33
1640 BERARDS (Claude des) . 61
1598 BÉRAUD (Pierre) . . . 45
1628 BÉRAUD (Jacques) . . 56
1635 BÉRAUD (Pellegrin) . . 59
1650 BÉRAUD DE LUBIÈRES (Dominique de) . . 67
1680 BÉRENGER (André) . . 86
1648 BÉRENGUIER (Jean-François de). . . . 65
1648 BÉRENGUIER (Charles) . 65
1651 BERGIN (Alexandre de). 68
1690 BERGIN DE BEAUCLOS (Barthélemy-Joseph-François de) . . . 92
1612 BERMOND (Pierre de) . 49
1613 BERMOND (Jean de) . . 50
1732 BERMOND (Jean-Joseph-Hyacinthe) 105
1557 BERMONDI (Albert) . . 34
1615 BERNAGEOT (Pierre). . 50
1405 BERNARD 19
1602 BERNARD (Pompée) . . 46
1627 BERNARD (Claude) . . 55
1664 BERNARD (Guillaume de) 76
1680 BERNARD (Elzéar) . . 87
1764 BERNARD (Pierre-François-Agricol) . . . 116
1555 BERNARDI (Pierre) . . 34
1567 BERNARDI (Etienne). . 36
1668 BERNARDI (Joseph) . . 78
1590 BERNIER (Robert de) . 43
1592 BERNIER (Jean) . . . 43
1590 BERROIN (Charles) . . 43
1696 BERTET (Claude). . . 95
1715 BERTET (Antoine-François) 100
1729 BERTET (Gabriel-Claude-Louis) . . . 104
1747 BERTET (Nicolas-François) 111

1747 BERTET DE CHAUCROZET (Hyacinthe-Louis-André) 111
1671 BERTON (Dominique-Laurent de). . . . 80
? BERTRAND (Pierre) . . 14
1405 BERTRAND 19
1460 BERTRAND (Etienne) . 22
1583 BERTRAND (Louis) . . 41
1602 BERTRAND (Tristan) . 46
1668 BERTRAND (Jean). . . 78
1722 BERTRAND (Jean-Laurent) 102
1759 BERTRAND (Trophime-François-Régis) . . 115
1766 BERTRAND (Antoine-Ignace) 117
? BERTRANDIS (Raymundus) 17
1659 BERTRAND (Joseph). . 72
1785 BESBIGUIER (Alexis-Ignace-Dominique) . 122
1647 BESI (Laurent). . . . 65
1557 BESSON (Antoine). . . 34
1638 BESSONI (Guillaume) . 60
1638 BESTET (Rostaing) . . 60
1679 BEUF (Pierre) . . . 86
1633 BEZARDI (Honoré) . . 58
1565 BEZET (Vital) 36
1615 BEZIL (Claude-Antoine) 50
1580 BILLIOTTI (François) . 41
1678 BILLIOTTI (Joachim) . 85
1603 BILLON (Thomas) . . 46
1552 BILLOTTI (Philibert) . 32
1569 BILLOTTI (Antoine) . . 37
1607 BIORD (Palamède) . . 47
1766 BISCARRAT (Claude) . 117
1574 BLADIER (Antoine) . . 38
1556 BLANC (François-Gabriel) 34
1585 BLANC (Guillaume) . . 42
1594 BLANC (Georges) . . 44
1604 BLANC (François) . . 47
1626 BLANC (Henri de) . . 54
1639 BLANC (Charles) . . . 61
1660 BLANC (Pierre) . . . 72
1685 BLANC (Jean-Vincent) . 89
1695 BLANC (Jean-François de) 94
1696 BLANC (Dominique) . 95
1723 BLANC (Jean-Joseph) . 103
1785 BLANC (Joseph-François) 122
1572 BLANCHETI (Jean) . . 38
1599 BLANCHETI (Jean-Baptiste) 45
1607 BLANCHETI (Balthazar) 47
1613 BLANCHETI (François) . 50
1627 BLANCHETI (Charles) . 55
1646 BLANCHETI (Jean-Baptiste) 64
1654 BLANCHETI (François de) 69
1436 BLANCHIER (Jean) . . 20
1550 BLANCHON (François) . 32
? BLANQUI (Hugo) . . 16
1656 BLANQUI (Jean-Joseph). 71
1578 BLANQUIN (Jean-Pierre) 40
1692 BLEDIER (Joseph-François) 93
1615 BLÉGIER (Jean) . . . 50
1623 BLÉGIERS (Esprit de) . 53
1626 BLÉGIERS (Louis de) . 55
1653 BLEYMET (François) . 69
1652 BLISSON (Jean) . . . 68
1570 BOBELIN (Louis) . . . 37
1558 BOBELLINI (Louis) . . 35
1702 BOCQUI (Pierre) . . . 96
1713 BOET (Barthélemy) . . 99
1552 BOISSON (Gaspard) . . 32
1672 BOISSON (Jacques) . . 81
1674 BOISSON (Pierre) . . . 83
1662 BOITOUZET (Jean-Baptiste) 74

1548 BOLLET (Claude). . . 31
1555 BOLLET (Augustin) . . 33
1614 BOLLIERS (François de) 50
1777 ROME (Louis-Joseph-Emeric de) 119
1774 BON (Esprit-Joseph-Amat-Théobald) . . 118
1751 BONACIER (Antoine-Joseph. 113
1628 BONACUOSI (Hyacinthe) 56
1447 BONADONA (Joannes de) 21
1642 BONADONA (Jean-Baptiste) 62
1646 BONADONA (Jean-Raimond de) 64
1651 BONADONA (Jacques de) 68
1673 BONADONA (Charles de) 82
1673 BONADONA (Joseph de) 82
1634 BONARDEL (Etienne) . 58
1522 BONAVET (Simon) . . 26
1522 BONAVET (Jacques) . . 26
1540 BONCHAINE (Jacques) . 30
1742 BONEAU DE CROZET (Jean-Baptiste-François) 108
1646 BONEDONE (Pierre-François de) . . . 64
1680 BONÉRY (Hyacinthe) . 87
1566 BONET (Honoré) . . 36
1590 BONET (Claude) . . . 43
1628 BONET (Etienne) . . . 56
1631 BONET (Esprit) . . . 57
1678 BONET (Joseph) . . . 85
1681 BONET (Jean-Louis) . 87
1719 BONET (Joseph-François) 101
1724 BONET (Alexandre) . . 183
1724 BONET (Louis) . . . 103
1625 BONETI (Pierre) . . . 54
1548 BONETTI (Arnaud) . . 31
1743 BONETY (Pierre-François) 108
1551 BONI (Pierre de) . . . 32
1617 BONI (Léonard) . . . 51
1647 BONIFACE (Louis) . . 65
1653 BONIFACE DE LEYDET (Louis de) 69
1733 BONIOTY DE CAYROL (Joseph-Odde) . . . 105
1394 BONIS (Petrus) . . . 17
1675 BONNEAU (Henri) . . 83
1715 BONNEAU (François) . 100
1744 BONNEAU (Jean-Louis de) 110
1625 BONNEFOI (Jean) . . . 54
1702 BONNEFOI (François-Joseph) 96
1712 BONNEFOI-RAOULX (Jean-Paul) 99
1651 BONNEGRACE (Nicolas de) 68
1672 BONNET (César) . . . 82
1653 BONNOT (Jean-François de) 69
1661 BONNOT (Louis de) . . 73
1651 BOQUET (Jean). . . . 68
1559 BORDESI (Louis) . . . 35
1605 BORDINI (Julien). . . 47
1614 BORDINI (Pierre) . . . 50
1586 BOREL (Claude) . . . 42
1557 BORELLY (Nicolas) . . 34
1672 BORELLY (Crépin) . . 82
1604 BORGAREL (Olivier de). 46
1598 BORREDON (Etienne) . 45
1563 BORRELI (Menet). . . 36
1635 BORRELLI (Jacques-Laurent) 59
1635 BORRELLI (Marc-Antoine) 59
1676 BORREY (Charles-Henry) 84
1560 BORRIACI (Jean) . . . 35
1583 BORRIER (Louis) . . . 41
1681 BOSE DE MONTSERAIN (Jacques). 87

1628 Bostet (Claude) . . . 56
1634 Botoni (André) . . . 58
1455 Bottin (Christophe) . 21
1622 Bouchard (Claude). . 52
1628 Bouchard (Henri) . . 56
1667 Bouchard (Nicolas) . 77
1689 Bouchard (Jean-Louis). 91
1715 Bouchard (Michel). . 100
1635 Bouche (Jean-Pierre) . 59
1552 Boudoli (Jean) . . . 32
1789 Boudou (Léonard-Vincent) 123
1551 Boullerii (Pierre) . . 32
1455 Bourbon (Reginald de) 21
1645 Bourdon (Rostan-Raymond). 64
1631 Bourg (Jean de) . . . 57
1645 Bourgarel (François de) 64
1647 Bourgarel (François de) 65
1558 Bourgiardi (Pierre) . 35
1741 Bournareau (François-Sébastien). . . 108
1650 Bouscadier (Jean) . . 66
1675 Bouschot (Henri) . . 83
1610 Bousquet (François) . 49
1742 Bouteille (Joseph-François-Charles). . 108
1756 Bouteille du Planet (Bernard-Pierre) . . 114
1773 Bouteille du Planet (Charles-Alexis-François-Xavier) . . . 118
1473 Boutin (Roderic) . . 23
1516 Boutin (Jacques) . . 25
1570 Boutin (Pierre) . . . 37
1584 Boutin (François) . . 41
1607 Boutin (Jean-François) 47
1635 Boutin (Jean-François de) 59
1666 Boutin de Saint-Ange (Raimond de) . . . 76
1666 Boutin (Jean-Baptiste de) 76
1673 Boutin (Pierre de) . . 82
1719 Boutin St-Ange (Pompée de) 101
1638 Bouvard (Bernard). . 60
1667 Bouvard (Alexandre) . 77
1679 Bouvot (Jean-Jacques) 86
1555 Boycagonsini (Gabriel-Amédée) 33
1785 Boyer (Joseph-François) 122
1665 Boyod de Lombardon (Pierre) 76
1671 Boyod (Jean) 81
1565 Boytardi (Jean). . . 36
1697 Brachet (Louis-Dominique). 95
1641 Brancas (Toussaint de) 61
1556 Branges (Philibert de) 34
1638 Bremond (Jean) . . . 60
1650 Bremond (François-Anne de). 67
1691 Bremond (Jacques). . 92
1742 Bremond (Jean-Paul) . 108
1628 Brès (André de) . . . 56
1654 Brès (Melchior) . . . 70
1676 Brès (Jean-Baptiste) . 84
1746 Brès (Rolland) . . . 111
1753 Brès (Dominique-Siffrein-Alexis) . . . 113
1612 Bresillet (Claude). . 49
1672 Bressan (Jean-Baptiste de) 81
1640 Bresson (Pierre). . . 61
1705 Bressy (Alexis) . . . 97
1763 Bressy (Joseph-Louis-Esprit) 116
1570 Brete (Jean) 37
1520 Breton (Louis) . . . 26

1678 Breuilhe (Thomas-Louis de La) . . . 85
1640 Brez (Édouard) . . . 64
1740 Brez (Gabriel-Rolland) 107
1638 Bricard (Henri de) . . 60
1621 Brignan (Jacques) . . 52
1654 Brignan (Jacques de) . 70
1656 Brignan (Noël de) . . 70
1687 Brignon (Nicolas-Louis de). 90
1643 Brillecanaux (Charles) 63
1573 Brittoni (Bertrand) . 38
1651 Brocard (Antoine) . . 68
1676 Broche (Jean) . . . 83
1634 Brodune (Pierre-Antoine de) 58
1678 Brodune (Charles-Joseph de) 85
1383 Broglie (Gérard de) . 17
1395 Broglio (Joannes de) . 17
? Brogniac (Jean de). . 10
1683 Brousset (Louis) . . 88
1717 Broutet (Guillaume-Joseph) 100
1758 Brouttet (Joseph-Guillaume-Véran) . 115
1641 Bruges (Antoine de) . 62
1649 Brun (Jean-Félix de) . 66
1671 Brun (Jean-Marie) . . 81
1783 Brun-Boissière (Michel-Antoine-Balthazar) 121
1671 Bruneau (Jean) . . . 80
1720 Bruneau (Joseph) . . 101
1746 Bruneau (Gabriel) . . 111
1750 Bruneau (Joseph) . . 112
1758 Bruneau (Paul-Louis). 114
1766 Bruneau (Thomas-Gabriel-Antoine) . . . 117
1685 Brunel (François-Jérôme) 89
1552 Brunelli (Claude) . . 32
1559 Bruni (Jean) 35
1585 Bruni (Antoine) . . . 42
1633 Bruni (Antoine) . . . 58
1568 Buchetol (Pierre) . . 36
1679 Buffe (Pierre) 86
1636 Bufferan (Abel de) . 59
1613 Bugier (Louis de) . . 50
1613 Bugier (Jacques de) . 50
1625 Bugnot (Claude) . . 54
1656 Buisson (Guillaume) . 70
1548 Buressi (Claude). . . 31
1552 Burgosis (Pierre) . . 32
1553 Burini (Philibert) . . 32
1651 Burle (Marc-Antoine). 67
1456 Bursassi (Thomas). . 21
1594 Bus (Thomas de) . . 44
1595 Bus (Hercule de) . . 44
1619 Bus (Melchior de) . . 52
1674 Buson (Joseph) . . . 83
1610 Busson (Antoine de) . 52
1630 Buttet (Jean-Antoine) 61

C

1607 Cabanes (Balthazar de) 47
1612 Cabanes (Jean de) . . 49
1303 Cabassole (Jean de) . 13
1506 Cabassole (Jean de) . 25
1662 Cabassole-Dontrin (François) 74
1663 Cabassole (Pierre de) . 75
1701 Cabassole-Dontrin (Jacques) 96
1584 Cabasson (Gaspard) . 42
1558 Cabiaci (Jean) . . . 35
1664 Cadecombe (Paul de) . 75
1697 Cadecombe (André de) 95
1705 Cadecombe (Paul de) . 97
1743 Cadecombe (Paul de) . 109
1547 Cadenet (Elzéar de) . 31
1675 Caire (Esprit) . . . 83

1764 Caissoti (Alexandre) . 116
1520 Calati (Robert) . . . 25
1704 Callaman d'Autanne (Jacques-Bruno) . . 110
? Calverius (Ludovicus). 15
1590 Calvet (Jean) . . . 43
1606 Calvet (Georges) . 47
1613 Calvet (André) . . . 50
1626 Calvet (Jean) . . . 54
1641 Calvet (François-Sébastien) 61
1647 Calvet (Antoine) . . 65
1674 Calvet (Jean). . . . 82
1694 Calvet (Joseph) . . . 94
1550 Calvière (Guillaume). 32
1557 Calvière (Pierre) . . 34
1620 Calvière (Charles de) . 56
1635 Camaret (Gabriel de) . 58
1662 Camaret (Jean-Roger). 74
1670 Camaret (Denis de) . 80
1520 Cambi (Antoine). . . 25
1584 Cambis (Richard de) . 41
1609 Cambis (Claude de) . 48
1650 Cambis (Michel de) . . 66
1566 Camuti (Philippe) . . 36
1569 Candia (Honoré de) . 36
1607 Candole (Jacques-Garnier de) 47
1679 Capisuchi (François) . 85
? Caponibus (Joannes de) 15
1658 Cappeau (Philippe de) 71
1784 Cappeau-Fournier de Saint-Marc (Jean-Pierre) 121
1405 Caprioli (Etienne) . . 19
1557 Capris (François de) . 34
1648 Carcasse (Joseph) . . 65
1679 Carcassius (Sauveur) . 85
1644 Carichon (Jean) . . 64
1648 Carichon (Gabriel) . . 65
? Cario (Franciscus de) . 15
? Cario (Joannes de) . . 16
1398 Cario (François de) . 18
1438 Cario (Paul de) . . . 20
1465 Cario (Joannes de) . . 22
1638 Carmejane (Simon) . . 60
1649 Carmejane (Gilles) . . 66
1685 Carmejane (Louis) . . 89
1520 Carnon (Jean) . . . 25
1571 Caroni (Honoré) . . 38
1680 Carrichon (Jean-Joseph) 86
1646 Cartier (Pierre de) . 65
1666 Cartier (Pierre de) . 77
1677 Cartier (Joseph-Ignace de) 84
1635 Carvat (Paul-Antoine) 58
1690 Casal (François). . . 92
1696 Casal (Jean-François de) 95
1758 Casal (Antoine-Guillaume) 115
1468 Casalet (Jean) . . . 22
1459 Caseneuve (Jean de) . 22
1665 Caseneuve (Jacques) . 76
1743 Cases de Fresquières (Alexandre-Joseph-Ignace) 108
1765 Casoni (Paul-Antoine) . 117
1421 Cassagne (François de) 19
1629 Cassagne (Amédée) . 56
1641 Cassagne (Jean-Ignace de) 61
1653 Cassagne (Antoine-Denis de) 69
1653 Cassagne (Jacques de) 69
1649 Cassagnes (Antoine des) 66
1604 Cassoux (Esprit) . . 47
1713 Castan (Pierre-Joseph) 99
1784 Castan de Saint-Privat (Louis-François-Marie) 121

1786 Castan (Charles-François-Marie) 122
1640 Castanea (Claude) . . 61
1672 Castanier (Antoine) . 81
1680 Castanier (Charles) . 87
1527 Castillon (Léonard de) 27
1545 Castillon (Jean) . . 30
1635 Castillon (Nicolas de) 59
1645 Castillon (Pierre de) . 64
1674 Castion (Jean) 83
1385 Castro (Paul de) . . 17
1503 Castro (Antoine de) . 25
1788 Cathelany (Etienne-Augustin) 122
1614 Cauton (François de) . 50
1707 Cavalier (Thomas) . 97
1742 Cavalier (Nicolas-Joseph-François) . . 108
1601 Cavet (Pierre) . . . 45
1630 Cavet (Jean) 56
1636 Cavet (Jacques) . . . 59
1675 Cavet (Joseph) . . . 83
1672 Cays (Anselme de) . . 81
1603 Cazal (Arnulphe) . . 46
1641 Cazal (Joseph-François de) 62
1640 Cazal (Fabrice de) . . 64
1649 Cazal (Jean-François) 66
1661 Cazal (Esprit) . . . 73
1425 Cazenauve (François) . 19
1646 Cellier (Jean) . . . 64
1583 Centenier (André de) 41
1589 Centenier (François de) 42
1615 Centenier (Paul de) . 50
1571 Ceps (Jean de) . . . 38
1554 Ceypel (Nicolas) . . 33
1621 Chabaud (Pierre) . . 52
1659 Chabaud (Trophime) . 72
1558 Chabaudi (Tristan) . 35
1570 Chabert (Pierre) . . 37
1691 Chabert (Antoine) . . 92
1590 Chabrand (Barthélemy) 43
1611 Chagneux (Louis) . . 49
1637 Chalamon (Pierre) . . 60
1645 Chalamon (Louis) . . 64
1659 Chalamont (Pierre-Louis de) 72
1522 Chalan (Mathieu) . . 26
1568 Chambon (Pierre) . . 36
1682 Chambon (Antoine-Ignace) 88
1520 Chanaialles (Gui de) . 27
1664 Changuin (Antoine-Chabert) 75
1552 Chantaudy (Poncet) . 32
1571 Chanuel (Olivier) . . 38
1519 Chapuce (Antoine) . . 25
1615 Chapuis (Pierre) . . 51
1650 Chapuis (Esprit-François) 67
1668 Chapuis (Denis) . . . 78
1676 Chapuis (Antoine) . . 84
1678 Chapuis (Pierre) . . . 84
1678 Chapuis (Esprit-François) 84
1680 Chapuis (Louis) . . . 87
1684 Chapuis (Secret) . . . 89
1718 Chapuis (Dominique de) 101
1579 Chapuissi (Aimon) . . 40
1627 Chapuy (Claude) . . 55
1615 Charbet (Laurent) . . 50
1522 Charbonier (Pierre) . 26
1654 Chardon (Amédée) . . 70
1660 Chardon (François) . 72
1696 Chardon (Joseph-Joachim) 94
1725 Chardon (Jean-François-Joseph-Marie) . 103
1693 Charesieu (Pierre) . 93
1636 Charles (Melchior-Jacques) 60
1752 Charlet (Joseph-Paul) 113

1560 Charoli (Jean) . . . 35
1687 Charlant (Jean-Laurent) 90
1695 Charpaud (Jean-Alexandre) 94
1607 Charpini (Jean) . . . 48
1648 Charvet (Chérubin) . 65
1665 Chastroux (Jean) . . 76
1303 Chateauneuf (Guillaume de) 13
1662 Chaternet (Joseph) . 74
1710 Chaternet (Joseph) . 99
1747 Chaternet (Trophime-Ignace) 111
1747 Chaternet (Paul-Antoine) 111
1641 Chaud (Laurent) . . 62
1751 Chaud de Colombier (Joseph-Hyacinthe) . 113
1787 Chauderat - Giraud (François-Alexis) . . 123
1556 Chaussardi (François) 34
1574 Caautardy (Antoine) . 38
1425 Chauval (Gérard) . . 20
1638 Chauvet (François) . 60
1610 Chauvin (Laurent) . 49
1781 Chauvin (Victor-Pierre) 121
1661 Chavane (Charles-Emmanuel de La) . . 73
1402 Chavati (Julien) . . 18
1599 Chayne (Nicolas) . . 45
1613 Chayne (Batuis) . . 50
1618 Chayne (Jean) . . . 51
1658 Chazal (Pierre-François) 72
1658 Chazal (Jean-Pierre) 72
1682 Chazalis (Antoine) . 88
1682 Chazel (Raymond) . 87
1684 Chazel (Jérôme) . . 89
1604 Cheichetti (Bernardin) 75
1607 Chevalier (Jean) . . 48
1643 Chevillard (Etienne) 63
1612 Cheylan (Pierre de) . 49
1647 Cheylan (Paul de) . 65
1651 Cheylus (Henri de) . 68
1664 Cheylus (Joseph de) . 75
1674 Chianea (Vincent) . . 83
1643 Chiavorri (Robert de) . 63
1662 Chieroli Carveto (Jean-Charles) . . . 74
1603 Choiselas (Gaspard de) 46
1619 Choisit (Antoine) . . 52
1405 Chorniaci (Julien) . . 19
1670 Chou (Jean-Elzéar) . 80
1692 Christin (Jean-François) 93
1667 Ciceri (Véran) . . . 77
1607 Cipriani (Balthazar) . 48
1660 Cipriani (Simon de) . 72
1672 Civet (Jean-Nicolas) . 81
1552 Clair (Jean) 32
1553 Clapier (Laurent) . . 23
1578 Clapier (Jean) . . . 40
1641 Clapier (Henri) . . . 62
1579 Clapiers (Pierre) . . 40
1604 Clapiers (Esprit de) . 47
1519 Clareti (Jacques) . . 25
1557 Clari (Jean-Baptiste) . 34
1660 Clavel (Jacques) . . 72
1782 Clavel (Joseph-Elzéar) 121
1652 Clavelle (Joseph de) . 68
1628 Clément (Edouard) . 56
1681 Clerc (Pierre) . . . 87
1682 Clercy (Jacques) . . 87
1591 Clerus (Jean) . . . 43
1571 Clopeti (Jean) . . . 38
1685 Cluny (Joseph-Laurent de) 89
1643 Cochet (Théodore) . . 63
1654 Cochet (Philibert) . . 70
1680 Cocon (Pierre) . . . 87
1560 Codet (Amédée de) . . 35
1655 Codolet (Laurent-Trone de) 70

1630 Cohorn (Claude de) . 56
1648 Cohorn (Joachim de) . 65
1650 Cohorn (François de) . 67
1651 Cohorn (Ignace de) . 67
1721 Cohorn (François de Paule de) 102
1543 Colin (Julien). . . . 30
1774 Collet (Joseph-Pierre-Bernard-Elzéar) . . 118
1774 Collet (Alexis-Joseph) 118
1654 Collombi (Antoine) . 70
1652 Collongue (Paul de) . 68
1661 Colombet (Mathieu) . 73
1402 Columbi (Simon) . . 18
1686 Columbi (Laurent) . . 90
1566 Combardi (Louis) . . 36
1550 Combe (François) . . 32
1694 Combe (Joseph) . . . 94
1696 Combes (Hyacinthe) . 95
1646 Combet (Antoine) . . 64
1707 Commin (Pierre) . . . 98
1558 Compagne (Simmeri) . 35
1679 Comte (Charles) . . . 86
1589 Condini (Antoine) . . 43
1556 Conflans (Antoine de) 34
1568 Constance (Martin de) 36
1572 Constance (Raymond de) 38
1575 Constans (Pierre) . . 38
1605 Constantin (François) 47
1611 Constantin (François) 49
1619 Coppeau (Balthazar) . 52
1616 Corbier (Alexandre) . 51
1615 Corbières (Charles de) 51
1681 Cordelier (Jean-Baptiste). 87
1604 Corderi (Lazare) . . 47
1559 Cordi (Amédé). . . . 35
1570 Cordurier (Claude de). 40
1496 Coreis (Louis de) . . 24
1663 Coriolis (Jean de) . . 74
1555 Cormis (Claude). . . 34
1635 Cormis (Charles de). . 59
1652 Corneille (Joseph de). 68
1652 Corneille (Joseph de). 68
1700 Cornevin de Saint-Laurent (Joseph-François). 96
1516 Corniliano (Gérard de) 25
1757 Costaing (Antoine). . 114
1777 Costaing (Pierre-Fulcran) 119
1780 Costaing de Pusignan (Jean-Joseph-François) 120
1725 Costan (François-Paul) 103
1555 Coste (Louis de). . . 34
1562 Coste (Jacques-Froment) 36
1609 Coste (Honoré) . . . 48
1776 Coste (Joseph-Andéol). 119
1435 Costeria (Philippe de). 20
1635 Costière (Claude de La) 59
1623 Cotel (Charles) . . . 53
1644 Cotel (François). . . 63
1650 Cotel (Hugues) . . . 66
1653 Cotta (François de). . 69
1612 Cottier (Guillaume) . 49
1743 Cottier (Philippe-Bruno) 108
1752 Cottier (Pierre-Philippe). 113
1773 Cottier (François-Régis-Joseph-Charles). 118
1789 Cottier-Julian (Joseph Marie-Victor-François) 122
1405 Cottin (Pierre) 19
1751 Cotton (Bernard-Xavier) 112
1554 Coudano (Jacques de). 33
1653 Coulet (Henri de) . . 69
1679 Courchetet (Charles-Achille) 85

1671 Courcy (Lazare). . . 81
1671 Court (André) . . . 81
1684 Court (Antoine). . . 89
1672 Courtois (Antoine de). 81
1684 Courtois (Joseph-Thomas de) 88
1651 Coustet (Jean-Louis). 68
1607 Coutel (Jean). 48
1651 Couterat (Jean). . . 68
1627 Couvet (Hector). . . 55
1579 Coyteux (Jean) . . . 40
1555 Cratesi (Pierre-Joseph) 34
1648 Cravesani (Honoré). . 65
1642 Cravesta (Charles-Aimé). 62
1621 Crespin (Charles-Marin). 52
1638 Crest (Pierre de) . . 60
1672 Crillon (Dominique-Laurent de). . . . 82
1614 Crivelli (Bernardin) . 50
1615 Crivelli (Barthélemy) 50
1648 Crivelli (Jérôme) . . 65
1673 Crivelly (Antoine-Laurent de). . . . 82
1692 Crivelly (Ignace-Joseph de) 92
1698 Crivelly (Pierre-Bernard-Barthélemy de). 95
1698 Crivelly (Joseph-Paul de) 96
1705 Crivelly (Pierre-Ignace de) 97
1711 Crivelly (Louis-Joseph de) 99
1724 Crivelly (Georges). . 103
1625 Crotta (Jean) . . . 54
1656 Crousnilhon (André-Octave) 70
1665 Crousnilhon (François) 76
1669 Crousnilhon (Pierre) . 79
1692 Crousnilhon (Joseph). 93
1665 Croze (Pierre de) . . 76
1785 Croze (Pie-André) . . 122
1609 Crozet (Louis) . . . 48
1689 Crozet (Gabriel-Marie) 61
1642 Crozet (Benoit) . . . 62
1644 Crozet (Jean). . . . 63
1650 Crozet (Antoine) . . 66
1650 Crozet (François) . . 67
1665 Crozet (Etienne-Louis) 76
1667 Crozet (Ange-Thomas) 78
1668 Crozet (François) . . 78
1675 Crozet-Buisson (Joseph) 83
1678 Crozet (Charles). . . 85
1678 Crozet (Joseph). . . 85
1680 Crozet (Balthazar). . 86
1685 Crozet (François-Marie). 89
1688 Crozet (Pierre-Paul) . 91
1689 Crozet-Buisson (Pierre-François) . . 91
1698 Crozet (François-Joachim) 96
1718 Crozet (Joseph-François) 100
1559 Crucioni (Robert) . . 35
1383 Cruvelerius (Robert). 17
1679 Cullet) François) . . 85
1778 Curel (Jean-Louis). . 120
1659 Curti (Philippe). . . 72
1555 Curtius (Jean) . . . 34
1636 Custi (Thomas). . . 59

D

1613 Dagut (Jean-Barthélemy) 50
1662 Daisse (Joseph) . . . 74
1639 Dalbenne (Charles-François). 61
1612 Damian (Jean) . . . 49

1652 DAMIAN (Joseph-Gilles de) 69
1657 DAMIAN (André) 71
1445 DAMIANIS (Robert de) . 20
1450 DAMIANIS (Mathieu de). 22
1550 DAMUSEO (Celius de) . 32
1569 DARDELLE (Etienne) . 37
1696 DARUT (Joseph-Marie) . 95
1723 DARUT (Louis). . . . 102
1730 DARUT (Joseph) . . . 104
1671 DAUGIER (Joseph-Ignace) 81
1704 DAUGIER (Simon-François) 97
1650 DAUMAS (Honoré) . . 67
1668 DAVID (Godefroi). . . 78
1555 DAVIN (Jacques) . . . 33
1671 DEBBER (Joseph) . . 81
1643 DEDON (Jean) 63
1652 DEDOS (François) . . 68
1665 DEDOS (Jean-François). 76
1693 DEDOS (Jean-Bernard-Alexandre) 93
1662 DEHEU (Erasme) . . 74
1620 DEIDIER (François) . . 52
1652 DELABROSSE (François) 68
1648 DELATOUR (Louis) . . 65
1621 DELATY (Jean) . . . 52
1659 DELAVAGNONIS (Gaspard) 72
1606 DELBÈNE (Pierre) . . 47
1636 DELBÈNE (François) . 60
1670 DELBÈNE (Antoine) . . 80
1649 DELEATRE (Antoine) . 66
1632 DELONGE (Jean-Baptiste) 57
1637 DELOURME (Nicolas) . 60
1402 DEMARESIIS (Richardus) 24
1645 DEMARETZ (Louis) . . 64
1707 DESAGNES (Dominique) 98
1627 DESANOBIS (Jean-Ange) 55
1555 DESFONTAINES (Jean) . 43
1749 DESGENYS (Jean-Agnès) 112
1630 DESLANDES (François-Michel) 56
1533 DESMARES (Thomas) . 28
1553 DESMARETS (Julien) . 33
1580 DESMARETS (Jacomin) . 41
1615 DESMARETS (Gaspard) . 50
1687 DESMARETS DE SAINT-MONTANT (François) 90
1538 DESMARETZ (Guillaume) 28
1597 DESMARETZ (Barthélemy) 45
1624 DESMARETZ (Barthélemy) 54
1677 DESPRÊTES (Alexandre) 84
1680 DESPREZ (Théophile-Antoine) 86
1679 DESTRET (Jean-Louis du) 85
1585 DEYDIER (Cosme) . . 42
1708 DEYDIER DE BEAUVILLARD (Henri) 98
1730 DIANOUS (Pierre-Antoine-EspritJoseph) . . 107
1570 DIGNOSCI (Elzéar de) . 37
1537 DOCTENO (Jean) . . . 28
1687 DOMET (Etienne) . . . 90
1553 DOMINIQUE (Etienne) . 32
1607 DOMITIEN (Pierre) . . 48
1617 DOMS (Jean de) . . . 51
1640 DOMS (Pierre de) . . . 61
1612 DONIS (Hugon de) . . 49
1507 DORGONI (Antonius) . 25
1640 DOUCETTE (Maurice) . 61
1643 DOUCETTE (Annibal) . 63
1645 DOUET (Augé) . . . 64
1665 DOUYEN (Claude-Antoine) 76
1652 DOUZEL (Gaspard) . . 68
1671 DOZOL (Alexis) . . . 80
1592 DRAG (Jacques) . . . 43
1633 DRAG (Denis) 57

1583 DRAPIER (Laurent) . . 41
1552 DRIVATI (Benoit) . . 32
1587 DRIVATI (Bertrand). . 42
1661 DRIVET (Joachim) . . 73
1554 DRUINI (François) . . 33
1560 DUBOIS (Claude) 35
1618 DUBOIS (Pierre) . . . 50
1644 DUBOIS (Nicolas) 63
1723 DUBOIS DE COCHET (Bernard) 102
1747 DUBOIS DE COCHET (Paul-Bernard) . . 111
1784 DUBOIS DE COCHET (Louis de Bernard) . 121
1531 DUBOURG (Etienne) . . 27
1550 DUCHAINE (Jacques) . 32
1627 DUCLAUX (Martin) . . 55
1632 DUCLAUX (Etienne) . . 57
1671 DUCLAUX (Joseph) . . 80
1759 DUCLAUX (Philippe-Nicolas) 115
1629 DUCLOS (Barthélemy) . 56
1681 DUCLOS DE SÉRY (François-Hyacinthe) . . 87
1666 DUCREST (Claude) . . 77
1723 DUGUÉ (Jean-Louis) . 103
1673 DUJAL (Raymond) . . 82
1656 DUMAS (Jean-Jacques) 70
1687 DUMAS (Esprit-Joseph) 90
1695 DUMAS (Esprit-Hyacinthe) 94
1707 DUMAS (Jean-Baptiste) 98
1711 DUMAS (Alexandre-Bernard) 99
1720 DUMAS (Pierre-Louis) . 102
1553 DUMBERT (Jean) . . . 33
1680 DUMONT (Antoine) . . 90
1650 DUMOULIN (Pierre) . . 66
1653 DUPIN (Hector) . . . 69
1667 DUPLAN (François-Michel) 77
1572 DUPLATRE (Philibert) . 38
1650 DUPONT (Honoré) . . 67
1664 DUPONT (Jean) . . . 75
1680 DUPONT (Jean) . . . 87
1645 DUPONT (Gilles) . . . 64
1558 DUPRAT (Jean) . . . 25
1565 DUPRAT (Claude) . . 36
1653 DUPRAT (Jacques) . . . 69
? DUPRÉ (Pierre) . . . 14
1634 DUPUY (Louis) . . . 58
1634 DUPUY (Simon) . . . 58
1538 DURAND (Claude) . . 28
1550 DURAND (Jean) . . 32
1586 DURAND (Jean) . . . 42
1638 DURAND (Sextius des) . 60
1650 DURAND (Alexandre) . 67
1653 DURAND (Jean) . . . 69
1788 DURAND DU PLAGNOL (Félix-Augustin) . . 122
1538 DURANT (Jean) . . . 28
1617 DURANTI (Joseph) . . 51
1619 DURANTI (Jérôme) . . 52
1644 DURET (Jacques) . . 63
1668 DURET (Pierre) . . . 79
1690 DURIS (André-Joseph) . 92
1554 DURIUS (Jean) . . . 33
1627 DUVAUX (Guillaume) . 55
1646 DUVERNAY (Jean-François) 64
1672 DYÈCHE (Antoine) . . 81

E

1566 EFFESI (François) . . 36
1611 EGINARD (Jean-Bernard) 49
1645 EGLISE (Charles-François de l') 64
1653 EMBRUN (Rolland d') . 69
1770 EMERIC (Jean-Joseph) . 119
1665 EMPEREUR (Gabriel) . 76
1683 ENTRECHAUX (Joseph) . 88
1402 ERMENGALDI (Manfred) 18

1617 Esberard (Jean-Baptiste) 51
1652 Esberard (Gilles) . . . 68
1678 Esberard (François-Hyacinthe) . . . 85
1715 Esberard (François-Barthélemy) . . . 100
1611 Escoffier (Augustin) . 49
1637 Escoffier (Jean-François) 60
1383 Esgallo (Elie de) . . 17
1663 Esparra (Pierre d') . . 75
1570 Esparron (Honoré d') . 37
1664 Espervier (Jacques) . 75
1552 Espinasse (Jean) . 32
1607 Estang (Esprit de l') . 48
1681 Estienne (Mathias) . 87
? Estini (Raymundus) . 16
1588 Etienne (Victor) . . 42
1603 Etienne (Jean) . . . 46
1674 Euvrard (Jean-André) 83
1607 Evêque (Scipion de l') . 47
1542 Exaleti (Jean) . . . 30
1651 Expilly (Gabriel) . . 68
1631 Eymennier ((Jacques) . 57
1659 Eymeric (Paul-Joseph) 72
1695 Eymeric (Trophime) . 94
1713 Eymeric (Jean-Antoine d') 99
1754 Eymeric (Henri-Joseph) 114
1555 Eymini (Antoine) . . 33
1660 Eymonier (Jacques) . 73
1670 Eymonier (Mathias-Barthélemy d') . . 79
1649 Eyssautier (André) 66

F

1624 Faber (Jean) . . . 63
1701 Fabre (Balthazar-Augustin) 96
1745 Fabre (Pierre) 111
1526 Fabri (Georges) . . . 26
1611 Fabri (Louis) . . . 49
1623 Fabri (Simon de) . . 53
1659 Fabri (Charles-François) 72
1595 Fabrice (Gaspard) . . 44
1553 Fabrique (Antoine de) 33
1558 Fabrique (Louis de) . 35
1559 Fabrique (Gaspard de) 35
1684 Fabrique (Jean-Joseph de) 89
1426 Fabry (Jean) 20
1639 Fabry (François) . . 61
1645 Fabry (Charles) . . . 64
1668 Fabry (Jean-Charles) . 78
1686 Fabry (Jean-François-Melchior) 89
1704 Fabry (Pierre) . . . 97
1730 Fabry de Chateaubrun (Dominique-Paul-François) . . 104
1745 Fabry de Chateaubrun (Hyacinthe-François de Paule) . 110
1767 Fabry d'Inguimberti de Saint-Véran (Philippe-Joseph-François de) 117
1539 Facili (Philippe) . . 30
1659 Falet (Joseph) . . . 72
1665 Falet (Joannes) . . 76
1637 Fantin (François) . . 60
1675 Faraudy (Antoine) . 83
1451 Faretis (Louis de) . 21
1680 Fathier (Antoine) . . 87
1598 Faucher (Pierre) . . 45
1603 Faucher (François) . 46
1523 Fauchier (Jean) . . 26
1523 Fauchier (Etienne) . 26
1569 Fauchier (Honoré) . 37
1627 Fauchier (Joachim) . 55

1776 FAUDON (Joseph-Thomas) 119
1703 FAUQUE (Joseph) . . 97
1718 FAUQUE (Zacharie-Hyacinthe) 100
1730 FAUQUE DE CONSENIER (André-Marie) . . . 104
1744 FAUQUE (Alexandre-Joseph) 110
1676 FAUQUET (Jean) . . . 84
1605 FAURE (Toussaint) . . 47
1642 FAURE (François) . . 62
1657 FAURE (Claude-Emmanuel) 71
1485 FAVENTY (Jean) . . . 21
1464 FAVET (Louis de) . . 22
1553 FAVET (Fulcrand de) . 33
1612 FAVIER (François) . . 50
1738 FAVIER (Henri-Joseph) 106
1728 FAVORI (Joseph) . . 104
1633 FAY de PERAUD (Gédéon) 58
1659 FAYARD (Jacques) . . 72
1665 FAYARD (Esprit) . . . 76
1672 FAYARD (Jean-François) 82
1679 FAYARD (Claude-Charles) 85
1567 FÉLIX (Philippe) . . 36
1596 FÉLIX (François) . . 44
1614 FÉLIX (Nicolas de) . . 50
1622 FÉLIX (Raynaud) . . 53
1625 FÉLIX (Henri) . . . 54
1631 FÉLIX (François) . . 57
1634 FÉLIX (Henri) . . . 58
1643 FÉLIX (Claude) . . . 63
1644 FÉLIX (Louis) . . . 63
1668 FÉLIN (François de) . 78
1678 FÉLIX (Henri de) . . 85
1719 FÉLIX (Esprit-François de) 101
1754 FÉLIX (François-Clau de) 113
1777 FÉLIX (Etienne-Joseph-Ignace) 119
1585 FÉRAUD (Michel) . . 42
1538 FERAUDI (Antoine) . . 28
1557 FERAUDI (Jean-François) 34
1569 FERAUDI (Jean) . . . 37
1597 FERAUDI (Antoine) . . 44
1570 FERAUDUS (Jean-François) 37
1735 FERMIN (Joseph-Ignace) 105
1617 FERRAND (Louis) . . 51
1656 FERRANDI (Louis) . . 70
1591 FERRANQUI (Jean) . . 43
1399 FERRATIS (Stephanus de) 18
1694 FERRE DE LA VERRIÈRE (Jean-Joseph de) . . 94
1558 FERRIER (Jean-Bernardin) 35
1604 FERRIER (Bernardin) . 47
1610 FERRIER (Paul-Antoine) 49
1610 FERRIER (Charles-François) 48
1628 FERRIER (Louis) . . . 55
1631 FERRIER (Etienne) . . 57
1633 FERRIER (Simon-Mathias) 57
1645 FERRIER (Henri de) . 64
1660 FERRIER (Antoine de) . 72
1683 FERRIER (Jean-Baptiste) 88
1590 FERRIOLI (Jacques) . . 43
1633 FERRIOLIS (Charles) . 58
1608 FERRONI (Charles) . . 48
1558 FIENES (Louis de) . . 35
1528 FIGELLI (Georges) . . 27
1765 FIGUIERA (Charles-François) 117
1624 FIGURAT (Esprit) . . 53
1405 FILHETI (Jean) . . . 19
1658 FILLEUL (Simon) . . 35

1556 Firmin (Joseph) . . 34
1676 Firmin (Joseph) . . . 84
1627 Firmineau (Henri) . . . 55
1555 Firnier (Jérôme) . . 34
1755 Flandio de la Combe (Jean-Baptiste) . . 114
1642 Flandria (Esprit-François de) . . . 62
1776 Flassany (Joseph-François) 119
1667 Flelle (Joseph-Esprit de) 77
1693 Fleury (Jean-Claude) 93
1595 Flocard (René) . . . 44
1640 Flocard (Claude) . . 61
1634 Florans (Jean-Emmanuel de) 58
1550 Floravento (Augustin) 31
1641 Florent (Jérôme-François) 61
1654 Florent (Pierre). . . 69
1733 Floret de Bontemps (Jean-Claude) . . . 105
1742 Floret (François-Marie) 108
1772 Floret (Jean-Baptiste) 118
1573 Flotte (Ferrier) . . . 38
1635 Flour (André) . . . 59
1619 Foca (Jean-Pierre) . . 52
1486 Focardi (Joannes) . . 23
1486 Fogassiis (Gabriel de) . 23
1628 Folard (François) . . 55
1650 Folard (Pierre) . . . 66
1650 Folard (Jérôme). . . 66
1694 Folard (François-Joseph de) 94
1703 Folard (Paul-Jérôme). 97
1728 Folard (Hubert). . . 104
1717 Fomboneau (Louis-Bernard de). . . . 100
1434 Fondera (Guillaume de) 20
1554 Fongemardi (Guillaume). 33
1554 Fongemardi (Claude) . 33
1695 Fontanelle (Laurent-Justinien de) . . . 94
1613 Foresta (Jean-Augustin de). 50
1621 Foresta (Antoine de) . 52
1637 Foresta (Charles de) . 60
1672 Foresta (Bruno de). . 81
1672 Foresta de Collongue (Joseph-Ignace de) . 81
1532 Forlive (Jean de) . . 27
1526 Forlivio (Pierre de) . 26
1625 Forneri (Pierre). . . 54
1740 Fornery (Joseph-Louis-Xavier) . . . 107
1631 Fort (Pierre) 57
1636 Fort (Louis) 60
1555 Fortia (Pompone) . . 34
1639 Fortia (Louis de) . . 60
? Fortis (Joannes). . . 15
1545 Fortis (Jean) 31
1610 Forton (Antoine) . . 49
1607 Fossier (Jean) . . . 48
1529 Fougasse (Manauld) . 27
1673 Fougasse (Antoine-Barbe de) 82
1672 Fouquier (Jean) . . . 82
1647 Fournier (Philippe de). 65
1666 Fournillier (Joseph-François). 77
1660 Frachier (Jean) . . . 72
1656 Fragniol (Pierre) . . 70
1686 France (Jean-Marie). 90
1541 Francia (Pierre de) . . 30
1541 Francia (Jean de) . . 30
1525 Franciis (François de). 26
1627 Franconi (Pierre) . . 55
1787 François (Charles-François) 122
1520 Frasquéti (Jérôme de). 26

1520 Frasqueti (Yvon de) . 26
1432 Frassengis (Louis de) . 20
1499 Fraxinis (Théobaldus de) 24
14[illegible]0 Frayssiniis (Stephanus de) 24
1564 Frederici (Jérôme) . . 36
1636 Fressieux (Léon de). . 59
1659 Fressieux (Jérôme de). 72
1539 Frocaudi (Jacques). . 30
1555 Froment (Nicolas) . . 33
1643 Froment (Gabriel de) . 63
1669 Froment (Antoine). . 79
1566 Fromondi (Jean) . . 36
1555 Fuco (Antoine) . . . 33
1593 Fulconi (Robert) . . 43
1604 Fulconi (Charles) . . 47
1615 Furier (Jacques) . . 50

G

1642 Gabriac (Antoine-Hercule de) 62
1636 Gachet (Joseph-Vincent) 59
1591 Gagnon (Pierre) . . . 43
1784 Gailhardon (Etienne). 121
1405 Galberti (Ferrier) . . 19
1531 Galfini (Raimond) . . 27
1655 Gallet (Jean-Charles). 70
1682 Galois (Nicolas) . . . 88
1645 Gambaud (Jean-Auguste). 64
1691 Ganne (Simon) . . . 92
1734 Ganne (Jacques-Joseph) 105
1708 Gantès (Antoine). . . 48
1926 Gantès de Raffelis (Louis-Henri de) . . 103
1697 Gantilet (Antoine-Cayetan de). . . . 95
1558 Gantois 35
? Gappo (Jacques de). . 14
1558 Garcin (François) . . 35
1601 Garcin (Jean). . . . 45
1626 Garcin (Barthélemy) . 54
1626 Garcin (Louis) . . . 54
1631 Garcin (Théodore). . 57
1654 Garcin (François) . . 70
1659 Garcin (Paul-Joseph) . 72
1672 Garcin (Louis) . . . 82
1691 Garcin (Joseph-Melchior de). 92
1700 Garcin (Michel-Dominique de). 96
1700 Garcin (Joseph-Dominique de). 96
1714 Garcin (Joseph-Antoine de) 99
1738 Garcin (Joseph-Pierre-Marie de). 106
1682 Gard (Pierre). . . . 88
1534 Gardane (Charles) . . 28
1660 Gardane (Barthélemy de) 72
1573 Gardanes (Jacques). . 38
1599 Gardanes (Charles). . 45
1606 Gardiole (Paul-Antoine) 47
1554 Gardonis (Louis) . . 33
1528 Garentia (Nicolas) . . 27
1534 Garnier (Philippe) . . 28
1551 Garnier (Jean) . . . 23
1579 Garnier (Jean) . . . 40
1647 Garnier (Hercule de) . 65
1647 Garnier (Pierre de). . 65
1647 Garnier (Esprit de) . 65
1559 Garret (Jean). . . . 35
1559 Garret (Philippe) . . 35
1674 Garrigues (Antoine de) 83
1455 Garrons (Georges des). 21
1493 Garrons (Jean des). . 24
1523 Garrons (Boniface des) 26
1532 Garrons (Louis des) . 28

1749 GASPARIN (Joseph-François). 112
1695 GASQUÉ (Joseph) . . . 94
1687 GASQUY (Joseph). . . 90
1720 GASQUY (Vincent-Xavier) 101
1789 GASQUY (Vincent-Xavier-Marie de) . . . 123
1651 GASSIN (Joseph) . . . 68
1566 GAST (Gabriel) . . . 36
1609 GAUD (Charles). . . . 48
1779 GAUD (Joseph-Marie-Antoine-Lambert). . 120
1733 GAUDEMARIS (Charles-Joseph) 105
1757 GAUDEMARIS (Antoine-Jérôme-Félix-Augustin de). 114
1758 GAUDIBERT (Jacques-Antoine) 114
1459 GAUDIUS (Clusanus). . 22
? GAUFRIDI (Jacobus). . 15
1554 GAUFRIDI (Guillaume) . 33
1588 GAUFRIDI (François) . 42
1662 GAUFRIDI (Etienne-Henri). 74
1573 GAUGERI (Jean) . . . 38
1554 GAUTIER (Perceval). . 33
1582 GAUTIER (François) . . 41
1611 GAUTIER (Joseph). . . 49
1650 GAUTHIER (Jean-Auguste de) 66
1669 GAUTIER (Pierre). . . 79
1674 GAUTIER (Joseph). . . 83
1744 GAUTIER (Jean-Baptiste-Trophime) . . . 110
1643 GAVASSI (Pierre) . . . 63
1641 GAVOUTTE (Balthazar). 62
1528 GAY (Antoine de). . . 27
1553 GAY (Jean de). . . . 33
1565 GAY (Joseph de) . . . 36
1577 GAY (Antoine de). . . 38
1608 GAY (Thómas de) . . 48
1618 GAY (Antoine de). . . 51
1618 GAY (Jean de). . . . 51
1622 GAY (Pierre-Antoine de) 53
1647 GAY (Jean-François de) 65
1660 GAY (Barthélemy-Joseph de) 73
1686 GAY (François-Joseph de) 89
1688 GAY (Guillaume-Joseph de) 91
1719 GAY (Barthélemy-Joseph-Marie de). . . . 101
1731 GAY (Alexis-Joseph-Marie de). 104
1627 GAYANS (François de) . 55
1627 GAZELI (Jean-Marie). . 55
1551 GELABERT (Jérôme). . 32
1425 GENASIO (Hugues de) . 19
1536 GENASIO (François de). 28
1670 GENESI (Joseph) . . . 80
1600 GENET (Gilles). . . . 45
1624 GENET (Ferrand). . . 54
1630 GENET (Antoine). . . 57
1634 GENET (Paul) 58
1655 GENET (Gilles). . . . 70
1665 GENET (Joseph-François) 76
1669 GENET (François). . . 79
1669 GENET (Pierre) . . . 79
1643 GENOT (Claude-François) 63
1601 GENTE (Antoine) . . . 45
1623 GENTE (Gilles). . . . 53
1626 GEOFFIER (Paul-Antoine) 55
1637 GEOFFROY (Pierre de) . 60
1748 GEOFFROY (Dominique). 112
1679 GEORGES (Jean-Pierre de) 86
1685 GEORGES (Etienne de) . 89
1636 GÉRARD (Louis de) . . 59

1663 GÉRARD (François de) . 74
1605 GERTOSI (Jean). . . . 47
1460 GERVASI (Philippe) . . 22
1559 GEVAUDAN (Honoré). . 35
1686 GHISLERY (César) . . 90
1701 GIBERT (Claude - Gaspard) 103
1631 GILLES (Edouard). . . 57
1641 GILLES (Claude) . . . 62
1781 GILLES (Jean-Baptiste) 120
1789 GILLES (Auguste-Claude) 123
1652 GINESTOUS (Jean de) . 68
1558 GIRARD (Claude) . . . 35
1680 GIRARD (Jean-Paul de). 86
1647 GIRARDI (François) . . 65
1479 GIRARDS (Dragonet des) 23
1503 GIRARDS (Guillaume des). 25
1519 GIRARDS (Pierre des) . 25
1629 GIRAUD (Jean). . . . 56
1668 GIRAUD (Marc-Antoine) 78
1723 GIRAUD DE LA SAVIE. 102
1778 GIRAUDY (Antoine-Honoré-Paul) 120
1402 GIRBERTI (Bernard). . 18
1426 GIRON 20
1622 GIROSELLI (Gabriel) . . 53
1660 GIRY (Elzéar) 73
1713 GIRY (Joseph) 99
1564 GIUNI (Jean-Honoré) . 36
1629 GIVAUDON (Charles de). 56
1656 GLANDÈVES (Gaspard de) 70
1639 GLEISE (Gaspard-Louis de) 60
1667 GLEISE-FORCHON (Antoine de) 77
1774 GLEIZE DE CRIVELLI (Louis) 118
1437 GODELIN (Reginald) . . 20
1542 GOFFREDI (Bernard). . 30
1590 GOLLIER (Benoit). . . 43
1636 GOLLIER (Ange) . . . 59
1666 GOLLIER (Pompée) . . 77
1674 GOLLIER (Pierre-Ange). . 83
1692 GOLLIER (Pompée) . . 93
1576 GOMBERT (Pierre). . . 38
1678 GOMICHON (Claude-Samson) 85
1651 GONDAREAU (André). . 68
1570 GONDET (Jean) . . . 37
1405 GONDISSALVI (Louis). . 19
1747 GONTARD (Jean-François-Barthelemy) . . . 111
1559 GONTERI (Honoré) . . 35
1779 GOUDAREAU (Joseph-Marie-Michel) . . . 120
1760 GOUJON (Pierre-Gaspard) 115
1757 GOUJON (André) . . . 114
1596 GOUZE (Pierre) . . . 44
1623 GOUZE (Gabriel-Etienne de) 53
1675 GRALTEN (François-Antoine) 83
1554 GRANDEPIERRE (Jacques de) 33
1591 GRANDIS (Jean-Baptiste) 43
1632 GRANET (Jean). . . . 57
1646 GRANET (Guillaume) . 64
1668 GRANET (Joseph). . . 78
1692 GRANET (François) . . 92
1698 GRANET (Joseph-Louis) 95
1708 GRANET (Ignace). . . 98
1644 GRANGE (Elzéar) . . . 63
1540 GRANGIER (Louis) . . 30
1650 GRANIER (Pierre). . . 67
1648 GRANIÈRE (Ignace de La) 65
1586 GRAS (François de) . . 42
1658 GRASSE (Jean-Gaspard de) 71

1652 GRASSENDI (Pierre) . . 69
1696 GRASSY (Joseph) . . . 95
1641 GRATTE (Claude). . . 62
1680 GRAVILLON (Claude). . 86
1688 GRAVOD (Claude). . . 91
1650 GREFFEUILLE (Henri de) 67
1560 GREGORI (Robert). . . 35
1670 GRELLY (Claude-Philippe) 80
1703 GRELLY (Joseph-Philippe) 97
1633 GRENA (Gaspard). . . 58
1585 GREURIONI (Gui de) . . 41
1644 GRIFFEUILLE (Jacques). 63
1554 GRIFFON (Etienne) . . 33
1559 GRIMALDI (Jean-Baptiste) 35
1631 GRIMAUD (Charles) . . 57
? GRIMOARD DE GRISAC (Guillaume de). . . 16
1627 GRIVEL (Christophe). . 55
1615 GROSSI (Louis). . . . 50
1628 GUALTERI (François) . 56
1650 GUALTERI (Pierre-Siffreni) 67
1669 GUALTERI (Jean-Joseph) 79
1675 GUALTERI (Jean-François de) 83
1722 GUALTERI (Jean-Joseph) 102
1679 GUAYNEMAND (Michel). 86
1724 GUEIDAN (Arnaud) . . 103
1639 GUERDON (Jean-François) 61
1578 GUÉRIN (Pierre) . . . 40
1579 GUÉRIN (Jean). . . ; 40
1693 GUÉRIN DE TENEIN (François de) . . . 93
1675 GUÉRINET (Bruno-Joseph) 83
1648 GUEYDON (Louis de). . 65
1667 GUEYDON (Paul) . . . 71
1628 GUIBERTI (Pierre) . . 56
1589 GUIBRONI (Guillaume). 43
1683 GUIBOURG (Claude) . . 88
1470 GUICHARD (Pierre) . . 23
1597 GUICHARD (Pompée). . 44
1650 GUICHARD (Jean-Vincent) 67
1679 GUICHARD (Guillaume). 85
1434 GUICHONI (Robert) . . 20
1688 GUILHEM (Esprit-Ignace de) 90
1530 GUILHEM (Manauld de). 27
1526 GUILHENNI (Guillaume). 26
1680 GUILHERMIER (Jean-François). 86
1725 GUILHERMIER (Jean-Pierre). 103
1723 GUILHERMIS (Esprit-Joachim de) 102
1726 GUILHERMIS (Jean-Louis de) 103
1610 GUILHIERS (Véran) . . 49
1502 GUILHOT (Jacques) . . 25
1432 GUILHOTI (Jacques). . 20
1777 GUILLAUME (François-Joseph-Louis) . . . 119
1624 GUILLEBONIS (Pierre-Louis de). 53
1641 GUILLELMIS (Esprit de). 62
1615 GUILLELMY (Jean-Baptiste) 51
1634 GUILLELMY (Noël) . . 58
1661 GUILLELMY (Gaspard-François de). . . . 73
1678 GUILLERMIS (François). 84
1522 GUILLOTI (Gaspard). . 26
1462 GUILLOTY (Accurse). . 22
1613 GUINARD (Pierre). . . 50
1616 GUINARD (Annet) . . 51
1656 GUINARD (Pierre-François) 71
1651 GUINTRANDI (Jean) . . 68

1652 GUINTRANDI (André) . 68
1676 GUINTRANDI (Joseph-Marie). 84
1680 GUINTRANDI (Nicolas) . 86
1692 GUINTRANDY (Joseph) . 93
1655 GUIRAMAN (Louis) . . 70
1680 GUIRAMAND (Gabriel de) 87
1405 GUIRANI (Louis) . . . 19
1555 GUIRANI (Gaspard) . . 34
1596 GUIRAUD (Pierre). . . 44
1650 GUIRAUD (Pierre). . . 67
1405 GUISCHARD (Barthélemy). 19
1521 GUY (Gabriel de). . . 26
1587 GUY (Jean) 42
1687 GUYARD (Antoine de) . 90
1583 GUYON (Pierre) . . . 41
1614 GUYON (Louis). . . . 50
1619 GUYON (Pierre) . . . 52
1625 GUYON (Henri). . . . 54
1638 GUYON (Hercule). . . 60
1642 GUYON (Pierre) . . . 62
1650 GUYON (Paul de) . . . 67
1650 GUYON (Louis-Henri de) 67
1659 GUYON (Alexandre) . . 72
1667 GUYON (Jean-François-Marie de). 77
1667 GUYON (Ignace-François de) 77
1683 GUYON (Pierre-Louis de) 88
1689 GUYON (Jean-Baptiste de) 91
1692 GUYON (Joseph de) . . 93
1692 GUYON (Ignace de) . . 93
1773 GUYON (Joseph-Charles-Alphonse) 118

H

1680 HALLIER (Pierre-Odet d') 87
1680 HALLIER (Jean-Clément d') 87
1739 HANNIN (Nicolas-François d'). 107
1545 HAUTEVILLE (Pierre d') 21
1654 HENRI (François). . . 70
1652 HENRICI (Joseph-Barthélemy) 68
1578 HERMITE (Antoine) . . 40
1642 HONORATI (François) . 62
1667 HONORATI (Antoine d') . 77
1622 HONORATY (François d'). 52
1636 HONORATY (Daniel d'). 60
1651 HONORATY (Jean-François). 67
1668 HONORATY (Pierre d') . 78
1697 HONORATY (Joseph-François d'). . . . 95
1680 HONORATY DE JONQUERETTES (François d'). 86
1716 HONORATY (François-Ange d') 100
1738 HONORATY DE JONQUERETTES (Jacques-Ignace) 106
1504 HORTIGUE (Jean de). . 25
1467 HUET (Antoine) . . . 22
1595 HUET (Rolland) . . . 44
1647 HUET (Jean) 65
1692 HUGON (Pierre-François) 92
1702 HUGONIS (Louis) . . . 96
1728 HUGONIS (Jean-François d') 104
1554 HUGUES (Claude). . . 33
1624 HUGUES (Adam) . . . 54
1631 HUGUES (Claude d') . . 57
1638 HUGUES (André d') . . 60
1668 HUGUES (Gabriel) . . 78
1675 HUGUES (François-Sébastien d') 83
1774 HUGUES (Pierre-Joseph d') 118

1616 HUMBERT (Antoine) . . 51
1638 HUMILI (Gabriel). . . 60
1651 HUPAIS (Pascalis d'). . 68

I

1701 ICARD (Louis) 96
1540 ILBE (Signet) 30
1673 ILLY (Jean-Joseph) . 82
1587 INAUFERET (Jacques) . 42
1681 INDIGNOUX (Jacques) . 87
1624 INGUIMBERTI (César) . 53
1624 INGUIMBERTI (Thomas). 54
1636 INGUIMBERTI (Jean-Baptiste) 59
1656 INGUIMBERTI (Louis) . 70
1671 INGUIMBERTI (Charles d') 80
1671 INGUIMBERTI (Esprit-Joseph d') 80
1678 INGUIMBERTI (Esprit-Joseph) 85
1694 INGUIMBERTI (Louis d'). 94
1696 INGUIMBERTI (Joseph) . 95
1550 INQUERIIS (Pierre de) . 32
1758 ISLAN (Jean-François-Agricol) 114
1647 ISLE (Antoine de l'). . 65
1425 ISNARD (Jean). . . . 19
1522 ISNARD (Clément) . . 26
1537 ISNARD (Gabriel). . . 28
1549 ISNARD (Pierre) . . . 31
1551 ISNARD (Pierre) . . . 32
1560 ISNARD (François) . . 35
1648 ISNARD (François d') . 65
1650 ISNARD (Etienne d'). . 67
1652 ISNARD (César d'). . . 68
1654 ISNARD (Augustin d') . 69
1505 ISNARDI (Gaucherius) . 25
1639 ISNARDS (Paul des) . . 61
1546 ISOARD (Jean). . . . 31
1606 ISOARD (Gabriel). . . 47
1647 ISOARD (Gabriel-André) 65
1653 ISOARD (Joseph) . . . 69
1672 ISOARD (Gabriel-Marie) 81
1672 ISOARD (Georges). . . 81
1610 ISOIRE (François). . . 49
1641 ISSOIRE (Louis) . . . 26
1641 ISSOIRE (François) . . 62
1672 ISSOIRE (Pierre d') . . 81

J

1641 JACOMELLI (Joseph-Benoît) 62
1626 JACOMIN (Esprit). . . 54
1664 JACOMIN (Joseph-Hyacinthe de) 75
1524 JACQUELLI (Hugues) . 26
1603 JACQUES (Théodore). . 46
1622 JACQUES (François) . . 53
1624 JACQUES (Pierre) . . . 54
1639 JACQUES (Pierre) . . . 61
1658 JANCELME (Louis) . . 71
1556 JANTIAL (Jean) . . . 34
1647 JARDIN (Louis) . . . 65
1677 JAUBERT (Joseph) . . 84
1684 JAUBERT (Jean-François) 89
1706 JAUME (Joseph-François. 97
1538 JAUSSERANDI (Jean) . . 28
1550 JAVELI (Gabriel) . . . 32
1555 JOANNIS (Georges) . . 33
1556 JOANNIS (Nicolas) . . 34
1575 JOANNIS (Jean) . . . 38
1591 JOANNIS (Elzéar) . . . 43
1593 JOANNIS (Guillaume) . 43
1594 JOANNIS (Laurent) . . 44
1595 JOANNIS (Melchior-Jacques) 44
1610 JOANNIS (Jean-Michel). 49
1618 JOANNIS (Gabriel) . . 52
1634 JOANNIS (Antoine) . . 58
1643 JOANNIS (François-Marie) 63

1645 JOANNIS (Louis de) . . 64
1645 JOANNIS (Alexandre de) 64
1660 JOANNIS (Alexandre) . 73
1690 JOANNIS (François) . . 92
1691 JOANNIS (Joseph-André de) 92
1693 JOANNIS (Joseph). . . 93
1672 JOLLY (François). . . 82
1557 JOSSANDI (Jean) . . . 35
1624 JOSSAUD (Jean) . . . 53
1626 JOSSAUD (Jean-Simon) . 54
1641 JOSSAUD (Louis de) . . 62
1654 JOSSAUD (François de). 69
1610 JOUFFRET (Claude) . . 49
1606 JOURDAN (Balthazar) . 47
1584 JULIANI (Arnulphe de) . 41
1627 JULIANI (Benoit-Julien) 55
1627 JULIANI (François) . . 55
1636 JULIANI (Paul) . . . 59
1636 JULIANI (Antoine) . . 59
1560 JULIEN (Jean) 35
1687 JULIEN (François) . . 90
1711 JULIEN (Gaspard-François). 99
1739 JULIEN (François) . . 107
1616 JULLIAN (Esprit). . . 51
1645 JULLIEN (Pierre) . . . 64
1691 JURIS (Dominique) . . 92
1652 JUSTAMOND (Pierre). . 68
1702 JUSTAMOND (Jean-Baptiste) 96

L

1597 LABEAU-BERARD (Henri de) 44
1624 LABEAU (François de) . 54
1582 LABEONE (Labeau de) . 41
1585 LABEONE-BERARD (Laurent de) 42
1668 LABORET (Jean-Claude) 78
1587 LACROIX (François de). 42
1592 LADAVIAN (Pierre) . . 43
1740 LAFFANOUS (Jean-François) 107
1625 LAFONT (Pierre de) . . 54
1627 LAFONT (Antoine de) . 55
1698 LAFONT (Jérôme). . . 95
1617 LAGARDE (Isoard de) . 51
1619 LAGUERRE (Bernard de) 52
1657 LAGUET (Pierre de) . . 71
1556 LAMAISON (Jean de). . 34
1790 LAMBOT (Jean-François-Elzéar) 123
1679 LAMPINET (Claude-François). 85
1556 LANA (Augustin). . . 34
1525 LANCELOT (Pierre) . . 26
1635 LANCIANY (Jean-Baptiste) 59
1690 LANCIONI (Jean-François) 91
1690 LANCIONI (Paul-Hyacinthe) 91
1697 LANCY (Piere-Michel) . 95
1515 LANGEAC (Jean de) . . 25
1786 LA PALUD (Pierre-Clément de) 122
1644 LAPIERRE (Amédée). . 63
1666 LAPRADE (Henri-Joseph de) 76
1715 LAPRADE (Henri-Joseph) 100
1730 LAPRADE (Henri-Joseph) 104
1644 LARDERAT (Jean-Antoine) 63
1680 LARDERAT (Claude de). 86
1681 LA RIVIÈRE (Joseph-Michel de) 87
1683 LARNAC (Pierre) . . . 88
1670 LAROSE (Jean-Claude) . 80
1601 LA SETTE (César de) . 46
1447 LASTESSUTY (Antoine) . 20
1485 LASTESSUTY (Pontius) . 23
1552 LATONET (Zacharie). . 32

1657 Laugeyret (François de) 71
1628 Laugier (Jean-Baptiste) 56
1638 Laugier (Charles) . . 60
1666 Laugier (Claude-Joseph) 76
1551 Laurent (Jean) . . . 32
1571 Laurent (Claude) . . 38
1546 Laurents (Jérôme des) 31
1571 Laurents (François des) 37
1571 Laurents (Pierre des). 38
1580 Laurents (Jean des) . 40
1608 Laurents (Jérôme des) 48
1608 Laurents (Barthélemy des). 48
1622 Laurents (Georges des) 53
1623 Laurents (Henri des). 53
1625 Laurents (Antoine des) 54
1634 Laurents (Louis des). 58
1634 Laurents (Jean des). . 58
1638 Laurents (François des). 60
1646 Laurents (Antoine-Balthazar des) 64
1656 Laurents (Georges-Dominique des) . . . 70
1651 Lavage (Nicolas). . . 68
1688 Lavigière (Jean-Joseph) 91
1677 Lavoundes (Joseph) . 84
1640 Leblanc (Jacques) . . 61
1458 Leissonia (Pierre de). 22
1554 Lejeune (André). . . 33
1616 Lenoir (Marc) 51
1643 Leotard (Joseph) . . 63
1558 Lequodus (Jean) . . . 35
1575 Lestreus (Hugues) . . 38
1661 Levieux (Joseph) . . 73
1688 Levieux de la Verne (Joachim). 91
1696 Levieux de Lespinouse (Esprit) 95
1709 Levieux (Jean-Baptiste) 98
1747 Levieux de la Verne (Louis-Joachim-Magne-Bernard) . . . 111
1747 Levieux de la Verne (Esprit-Benoit-Jean) . 111
1671 L'Huillier (Jean-Claude) 81
1677 Libry (Jean-Jacques). 84
1647 Lieutaud (Jean-Paris) 65
1685 Ligien (Jean-Baptiste). 89
1692 Limojon (François-Ignace) 93
1639 Linsolas (Louis). . . 61
1568 Lionsin (Jean de). . . 37
1651 Liotard (Ignace). . . 68
1672 Lobet (Jean-Baptiste de) 81
1644 Lombard (Scipion) . . 63
1558 Longi (Jérôme) 35
1524 Lopes (Jean) 26
1560 Lopes (Jean de) . . . 35
1659 Lopes (Jean-Joseph de) 72
1697 Lostau (François-Joseph de) 95
1653 Loste (Pierre de). . . 69
1747 Loubaud (Nicolas) . . 112
1760 Loubière (Dominique-Nicolas) 115
1579 Louget (Rodulphe) . . 40
1584 Louis (Jacques) . . . 42
1586 Louis (Jacques) . . . 42
1616 Louis (Pierre) 51
1644 Louis (Jacob) 63
1659 Louis (Gaspard) . . . 72
1525 Loup (Benigne de) . . . 26
1580 Louvaney (Louis) . . 41
1615 Louvaney (Antoine). . 50
1626 Louvaney (Louis) . . . 54
1551 Luzzi (Jean de) . . . 32

M

1662 MACARY (Simon) . . . 74
1554 MACERATUS (Jean) . . 33
1534 MACHARD (Claude) . . 28
1566 MAFFREDI (Jean-Antoine) 36
1578 MAGDELON (Gabriel). . 40
1585 MAGNAN (Melchior) . . 42
1669 MAGNAN (André). . . 79
1672 MAGNAN (François de). 82
1682 MAGNAN (Jean-François) 88
1628 MAGNAND (Pierre) . . 56
1606 MAGNAT (Gabriel) . . 47
1568 MAGNATI (Gabriel) . . 36
1600 MAGNATI (François de). 45
1605 MAGNATI (Pierre-Louis) 47
1611 MAGNATI (Henri). . . 49
1629 MAGNATI (Alexandre) . 56
1658 MAGNATY (Pierre-Paul) 71
1658 MAGNATY (François-Antoine) 71
1675 MAGNAUDY (Esprit) . . 83
1611 MAGNETI (Pierre). . . 49
1551 MAGNUS (Léo) 32
1637 MAIFFREDI (Philippe) . 60
1653 MAILHAN (Jean de) . . 69
1565 MALAPAILLE (Jérôme) . 36
1712 MALASSAGNE (Laurent-Augustin). 99
1643 MALASSIER (Melchior) . 63
1557 MALEMONT (Pierre de). 34
1555 MALFRET (Pierre) . . 33
1765 MALIÈRE (Benoit-Jean-François). 116
1622 MALLIONI (Jean) . . . 53
1571 MALVACCI (Guillaume de) 38
1522 MALVANI (Jean de) . . 26
1652 MANSON (Joseph-Anselme). 68
1566 MARBRE (Grimaud). . 36
1651 MARCELLIN (Jean-Esprit). 68
1682 MARCELLIN (Esprit-François). 88
1555 MARCERET (Philippe) . 33
1553 MARCHAND (Marc) . . 32
1557 MARCHAND (Claude). . 35
1692 MARCHÉ (Pierre) . . . 92
1693 MARCHETTY (Jacques). 93
? MARCULPHO (Petrus). . 15
1677 MARÉCHAL (Thomas) . 84
1523 MARESCHAL (Jean) . . 26
1670 MARESCHAL (Nicolas) . 80
1661 MAREY (Claude) . . . 73
1620 MARGARET (Pierre de) . 52
1685 MARGUERITÉ (Jean-Jacques) 89
1493 MARIE (Jean) 24
1537 MARIE (Pierre). . . . 28
1537 MARIE (Jean) 28
1579 MARIN (Gilles) . . . 40
1638 MARIN (Annibal de). . 60
1652 MARIN CHRISPIN (César de) 68
1663 MARIN (Charles) . . . 75
1676 MARIN (Lucas). . . . 84
1679 MARIN (Laurent). . . 86
1683 MARIN (François) . . 88
1691 MARIN (Claude) . . . 92
1691 MARIN (Jean-André) . 92
1655 MARQUESI (Antoine). . 70
1657 MARRON (Henri) . . . 71
1428 MARSOLIS 20
1653 MARTHAUD (Pierre de). 69
1658 MARTIGNON (Gaspard de). 71
1559 MARTIN (Jean) . . . 35
1578 MARTIN (Raymond). . 40
1592 MARTIN (Louis) . . . 43
1611 MARTIN (Jean). . . . 49
1617 MARTIN (Pierre) . . . 51

1650 Martin (Jean) . . . 67
1690 Martin (Joseph de). . 92
1740 Martin (Antoine) . . 107
1784 Martin (Joseph-François-Ange) 121
1604 Martin de Saint-Rème (François) 46
1628 Martin de Saint-Rème (Jérôme) 55
1636 Martin de Saint-Rème (Gaspard) 59
1670 Martin de Saint-Rème (Jean-Baptiste). . . 79
1657 Martinel (François) . 71
1674 Martinel (Esprit-Simon) 83
1701 Martinel (Pierre) . . 96
1731 Martinel (Ignace-François-Xavier) . . 104
1578 Martinenqui (Guillaume) 40
1678 Martinis (Luc-Antoine de) 85
1643 Martinon (Elzéar de) . 63
1624 Mascaron (Pierre-Antoine de) 54
1557 Massa (Jacques) . . . 34
1645 Massan (Hercule) . . 64
1676 Massan (Joseph-Ignace) 84
1701 Massan (Alexis) . . . 96
1552 Masse (Louis). . . . 32
1636 Masse (Pierre) . . . 59
1639 Masse (François). . . 61
1697 Masson (Pierre-François) 95
1635 Mastini (Jean-Michel de) 59
1632 Mathei (Jean-Roger) . 57
1644 Mathei (Jérôme). . . 64
1683 Matty (Jean) 88
1684 Matty (Etienne) . . . 88
1711 Matty (Jean-Ange-Veran-Dominique de) . 99
1661 Maucuer (Esprit) . . 73
1610 Maudini (Antoine) . . 49
1658 Maupassant (Charles de) 71
1653 Mayet (Alexandre) . . 69
1649 Maygron (Jean-Louis). 66
? Maynier (François). . 14
1458 Maynier (Guillaume) . 21
1482 Maynier (Accurse) . . 23
1520 Maynier (Jean) . . . 26
1671 Mayret (Jean-François de) 81
1746 Maze (Honoré) . . . 111
1608 Mazetti (Jean) . . . 48
1653 Mazin (Jacques de) . . 69
1654 Mazin (André) . . . 69
1666 Mazot (Annibal). . . 76
1610 Meaulx (Jean de) . . 49
1765 Meffre (Joseph-Paul) . 117
1553 Meirius (Jacques) . . 33
1605 Melletus (Barthélemy) 47
1632 Mellié (François de) . 57
1530 Mende (Thomas de). . 27
1524 Mengaud (Nicolas) . . 26
1549 Mercier (Guizard) . . 31
1616 Mercier (Antoine) . . 51
1664 Merez (Antoine de). . 75
1739 Merle (Joseph-Alphonse) 107
1426 Merles (Georges de) . 20
1460 Merles (Louis de) . . 22
1491 Merles (François de) . 24
1494 Merles (Balthazar de). 24
1497 Merles (Nicolas de) . 24
1591 Merles (François de) . 43
1663 Merles (Joseph de). . 74
1507 Meruli (Poncetus) . . 25
1523 Meruli (Jérôme). . . 26
1457 Merulis (Dragonetus de) 21
1471 Merulis (Manfredus de) 23
1723 Mesles (Henri) . . . 102

1551 MESLIN (Melchior) . . 32
1676 MESMES DE MOURAN (Mathias de) . . . 84
1603 MESTRAL (André) . . 46
1649 MERSTRALI (André) . . 66
1683 MEY (Antoine). . . . 88
1650 MEYRONET (Jean). . . 66
1645 MICHAELI (Jean-Baptiste). 64
1470 MICHAELIS (Amédée) . 23
1551 MICHAELIS (Robert). . 32
1553 MICHAELIS (Robert). . 33
1587 MICHAELIS (Claude). . 42
1678 MICHAELIS (Pierre) . . 85
1746 MICHAELIS (Joseph-Michel) 111
1614 MICHEL (Charles). . . 50
1653 MICHEL (Vitalis) . . . 69
1658 MICHEL (Claude). . . 71
1659 MICHEL (Gilles-Joseph). 72
1686 MICHEL (Raphael-Pierre de). 90
1720 MICHEL (Barthélemy-François). 101
1529 MIEGOVILLE (Jean de) . 27
1613 MIELLET (Esprit). . . 50
1688 MIELLON (Louis). . . 90
1723 MIELLON (Noël-Joseph). 102
1753 MIELLON (Pierre-Joseph) 113
1670 MIGET (Jean-François). 86
1642 MILLANI (Paris de) . . 62
1666 MILLE (Joseph) . . . 76
1515 MILLETTY (Pierre) . . 25
1515 MILLETTY (Charles). . 25
1640 MILLIEN (Henri) . . . 61
1534 MIMATA (Thomas de) . 28
1570 MINUTI (François) . . 40
1785 MINUTY (Paul-Alexandre) 122
1699 MIRABEAU (François-Marie). 96
1531 MIRALIET (Claude-Jenus). 27
1559 MIRMAND (Antoine). . 35
1653 MIRMON (Jean de) . . 69
1570 MODIIS (Jean de) . . . 37
1648 MOIROUX DE POINSARD (Jean) 65
1648 MOLARD (Pierre). . . 65
1522 MOLERIEU (Guillaume). 26
1540 MOLIÈRE (André de) . 31
1629 MOLLETI (Antoine) . . 56
1632 MOLLIER (Bernard) . . 57
1670 MOLLIER (Jean-Louis) . 80
1685 MOLLIN (Clément) . . 89
1571 MOLZ (Léonard) . . . 38
1617 MONARD DE VAUTRET (Jean) 51
1560 MONDANET (Pierre) . . 35
1644 MONERI (Joseph). . . 63
1670 MONERI (Jean-François) 80
1676 MONERY (Claude-César) 84
1708 MONERY (Pierre) . . . 98
1743 MONERY (Ignace-Dominique-Deidier) . . . 109
1648 MONGIN (Jacques) . . 65
1658 MONTAFIA (Jean Roc de) 71
1524 MONTAGNE (Jean) . . 26
1533 MONTAGNE (Jean) . . 28
1621 MONTAGUT (Jean-Baptiste de) 52
1586 MONTAIN (Jean de) . . 42
1485 MONTALTO (Gaspardus de) 23
1580 MONTAMAN (César de) . 41
1636 MONTANIER (Laurent) . 59
1661 MONTANIER (Antoine) . 73
1545 MONTAULIEU (Guillaume) 30
1425 MONTBERAUD (Michel de) 20
1549 MONTCALM (Jean de) . 31
1557 MONTCALM (Robert de) 34

1696 Monte (Simon de) . . 95
1580 Montemara (Jean de) . 41
1570 Montfaucon (Emeric de) 37
1644 Montfort (Jacques de) 64
1303 Montilius (Bertrand de) 13
1529 Montmagne (Michel de) 27
1303 Montonius (Bertrand) . 13
1676 Montonnier (Jean-Baptiste) 84
1602 Morand (Charles) . . 46
1661 Morard (Jean-Aimard). 73
1679 Morel (Louis). . . . 85
1695 Morel (Claude) . . . 94
1782 Morel (François-Xavier-Genet) . . . 121
1524 Morelli (Pierre) . . . 26
1522 Morelli (Henri). . . 26
1529 Morelli (Balthazar) . 27
1537 Morelli (Jean) . . . 28
1551 Morelli (Antoine) . . 33
1650 Moreri (Nicolas) . . 67
1650 Moreri (Poncet). . . 67
1650 Moreri (Barthélemy) . 67
1672 Moreri (Jean-Joseph) . 82
1650 Morgin (Barthélemy) . 67
1784 Moricelly (François) . 121
1651 Morin (Paul-François) 68
1535 Morini (Lazare) . . . 28
1564 Morini (Gilles) . . . 36
1692 Mornas (Joseph) . . . 92
1660 Mostoult (Jean-Jacques) 72
1624 Mot (Raymond de) . . 53
1563 Motet (Augier) . . . 36
1617 Mottet (Bernard) . . 51
1577 Motteti (Thomas) . . 39
1741 Mounier (Gabriel) . . 107
1648 Mourand (Conrad) . . 65
1706 Mouriès (Pierre-Joseph) 97
1671 Mourre (Jean-Claude). 80
1663 Moussier (François) . 74
1610 Moyroux (François). . 49
1650 Moyroux (Anselme). . 67
1677 Moyroux (Jean-Marie). 84
1713 Moyroux (Jean-François) 99
1694 Mozot (Pierre-Louis) . 94
1643 Mulot (Antoine) . . 63
1657 Muratori (Pierre-Baptiste) 71
1556 Mustaly (Barthélemy). 34

N

1680 Nallère (Gaspard) . . 86
1680 Nally (Pierre) . . . 87
1425 Naoty (Jean) 20
1759 Navel (Jean-François). 115
? Nessonis (Antonius). . 17
1732 Neyron (Jacques) . . 105
1741 Neyron (Thomas-Amable) 107
1551 Nicolaï (Jean) . . . 32
1570 Nicolaï (Romain) . . 40
1625 Nicolaï (Louis) . . . 54
1644 Nicolaï (Antoine de) . 63
1632 Nicon (Pierre de). . . 57
1652 Niel (Louis) 68
1404 Nihi (Florensius) . . 19
1455 Nobletti (Olivier) . . 21
1578 Noirot (Claude de) . . 40
1660 Noumandeau (François) 73
1645 Nouveau (Claude) . . 64
1650 Nouveau (Pierre). . . 67
1658 Nouveau (Antoine) . . 71
1682 Nouy (Jean-Joseph) . . 87
1534 Novarins (Jacques de). 28
1571 Novarins (Simon de) . 37
1604 Novarins (André-René) 46
1608 Novarins (André-René de) 48
1611 Novarins (Gaspard). . 49

1630 Novarins (Gabriel de). 56
1672 Novi (Simon) 82
1652 Nunez Sanchez (François) 65

O

1609 Oddo (François-Marie). 48
1556 Olivier (Pierre) . . . 34
1556 Olivier (Gui). . . . 34
1654 Olivier (Pierre d') . . 69
1666 Olivier (Charles d') . 76
1707 Olivier (Jean-Michel). 98
1736 Olivier (Jean-Joseph-Ignace-Charles) . . 106
1740 Olivier (Jean-Baptiste-Hyacinthe) 107
1751 Olivier (Ignace-Michel) 113
1772 Olivier (Gabriel-Raymond-Jean-de-Dieu-François d'). . . . 117
1781 Olivier du Rouret (Joseph-François-Gabriel) 120
1619 Ollier (Claude). . . 52
1670 Ollier (Pierre-Marie). 80
1590 Olon (Joseph). . . . 43
1558 Onde (Albert) 35
1570 Oraison (André d') . . 37
1645 Orcel (Jean-Joseph d'). 64
1650 Orival (Claude-François d'). 67
1667 Orival (Pierre-François d') 78
1683 Orry (Charles) . . . 88
1527 Orsel (Jean d') . . . 27
1675 Ouaran (Louis-Joseph) 83
1636 Ozol (Honoré d'). . . 59

P

1556 Paccolino (Louis) . . 34
1455 Pagiis (Accurse de) . . 21
1634 Pallus (Bernardin). . 58
1621 Palmier (Jean-Etienne) 52
1760 Palun (Guillaume-Dominique). 115
1624 Pandrau (Antoine) . . 54
1571 Pandravi (Laurent) . . 38
1402 Paniceriis (Antoine de) 18
1484 Panisse (Agricol). . . 23
1502 Panisse (Jean). . . . 24
1536 Panisse (Pierre de) . . 28
1542 Panisse (Claude). . . 30
1610 Panisses (Laurent de). 49
1647 Panissole (Jacques). . 65
1555 Papius (Jean-Ange) . . 34
1551 Paris (Nicolas) . . . 32
1503 Parisi (Etienne) . . . 25
1523 Parisi (Antoine) . . . 26
1650 Parisi (Florent) . . . 67
1533 Parison (Rodolphe). . 28
1481 Parpaille (Balthazar). 23
1502 Parpaille (Perrinet). 24
1539 Parpaille (Perrinet) . 29
1528 Parrel (Jacques) . . 27
1632 Pascalis (François). . 57
1667 Pascalis (Alexandre) . 77
1677 Pascalis (François) . . 84
1684 Pascalis (Pierre-Jacques) 88
1690 Pascalis (Jean) . . . 91
1569 Pasquier (François). . 37
1674 Pastour (Etienne-Christophe) 83
1577 Patris (Guillaume de) . 39
1566 Pauchard (Jean-Garnier) 36
1597 Paudran (Antoine) . . 44
1656 Paudran (Antoine de) . 70
1599 Paul (Jean-Baptiste) . 45
1642 Paul (François de) . . 62
1646 Paul (Jean) 64
1779 Paul (Joseph-Louis) . 120

1649 Paule (Jérôme-Bruno de) 66
1669 Paulet (Guillaume) . 70
1559 Pauli (Pierre de) . . 35
1564 Paulo (Pierre de) . . 36
1578 Payen (Pierre) . . . 40
1600 Payen (André) . . . 45
1603 Payen (Pierre) . . . 46
1612 Payen (Jean) 50
1617 Payen (Louis) . . . 51
1627 Payen (Jérôme) . . . 55
1635 Payen (Antoine - François) 58
1644 Payen (Pierre). . . . 64
1651 Payen (Joseph) . . . 68
1673 Payen (Henri) . . . 82
1434 Payer (Jean) 20
1650 Pays (Charles) . . . 66
1671 Pays (André) 81
1685 Pays (Joseph). . . . 89
1723 Pays de Moracet (Joseph-Sébastien de) . 102
1626 Pein (Antoine) . . . 55
1580 Pelard de Noyret (Jean-Claude) . . . 41
1614 Pelard (Mathieu) . . 50
1571 Pelardi (Henri) . . . 37
1513 Pelegrin (Jean) . . . 25
1646 Pelissier (Vincent). . 64
1695 Pelissier (François) . 94
1728 Pelissier (Joseph de) . 104
1535 Pelleteri (Joseph). . 28
1667 Pellident (Alexandre de) 78
1671 Pellident (Joseph-François). 80
1641 Pelotier (Maurice). . 61
1664 Peloutier (Jean-Martin de). 75
1624 Penotier (Louis-Régis de) 54
1667 Perdisseau (Marc-Antoine-Joseph) . . . 77
1395 Peregrini (Jacobus) . 17
1680 Peret (Pierre) . . . 87
1582 Perier (Georges du) . 41
1652 Perier (Gilles) . . . 68
1680 Perier (Jérôme) . . . 86
1569 Perney (Nicolas de) . 37
1608 Perrellus (Gilles) . . 48
1617 Perrier (Jean de) . . 51
1628 Perrody (Michel) . . 55
1658 Perrony (François). . 72
1618 Pertuis (Pierre) . . . 51
1623 Pertuis de St-Amant (Jean-Michel de) . . 53
1639 Pertuis (Daniel). . . 61
1650 Pertuis de St-Amant (Paul-Joseph de) . . 67
1685 Pertuis (Pierre-Jean-Baptiste) 89
1580 Pertuys (Barthélemy de) 41
1781 Pertuys (Jean-Antoine de) 120
1543 Perussis (François de). 30
1573 Perussis (Claude de) . 38
1644 Petit (Juste-Ignace) . 64
1529 Petiti (Jean) 27
1555 Petiti (Elzéar) . . . 34
1640 Petiti (Jean-Antoine) . 61
1667 Petiti (Henri-Louis) . 77
1503 Petra (Pierre de) . . 25
1609 Petra (Esprit de) . . 48
1651 Petra (Jean-Baptiste de) 68
1704 Petre (Gaspard). . . 97
1704 Petre (Dominique) . . 97
1398 Petri (Reginald). . . 18
1591 Petris (Noël de). . . 43
1565 Petris (Jean-François de) 36
1644 Peyrani (Charles) . . 63
1682 Peyre (Paul) 87

1774 PEYRE (André-Pacifique) 118
1677 PEYRET (Pierre) . . . 84
1618 PEYROARDI (Pierre) . . 52
1636 PEYROARDI (Henri) . . 60
1678 PEZENAS (Pierre-Joseph) 85
1709 PEZENAS DE PLUVINAL (Antoine de). . . . 98
1709 PEZENAS (Jean-Joseph). 98
1715 PEZENAS (François) . . 100
1743 PEZENAS DE PLUVINAL. 110
1743 PEZENAS DE PLUVINAL (Gaspard de) . . . 110
1661 PEZET (Jean-Joseph) . 73
1706 PEZET (Jean-Baptiste) . 97
1576 PEZONTI (Nicolas) . . 38
1675 PHILIP (Pierre) . . . 83
1676 PHILIP (Bruno) . . . 83
1724 PHILIP (François) . . 103
1736 PHILIP (Emmanuel-François). 106
1751 PHILIP (Ignace) . . . 113
1777 PHILIP (François-Esprit) 119
1777 PHILIP (Henri-Ignace-François). 119
1634 PHILONARDI (Marcel) . 58
1502 PICHONI (Robert). . . 25
1609 PICHONI (Pierre) . . . 48
1658 PIELLAT (Antoine) . . 72
1558 PIERRE 35
1679 PIERRE (Pierre-François de) 86
? PIERREGROSSE (Louis de) 14
1623 PIGE (Esprit de) . . . 53
1626 PIGNIER (Christophe) . 54
1557 PINETTI (Barnabé) . . 34
1622 PINOCELLI (Jean). . . 53
1557 PINUS (Marcel-Gérard). 34
1589 PIOLENC (Thomas de) . 42
1622 PIOLENC (Antoine de) . 53
1778 PIOT (Joseph-Louis-Joachim). 119
1548 PIOTALTUS (Philippe) . 31
1668 PIQUET (Pierre) . . . 78
1389 PIQUETI (Louis) . . . 17
1655 PISCIOLIN (Amant-Venerosi de) 70
1655 PISTARELLI (François-Marie). 70
1658 PLAISSÉ (Robert de). . 71
1668 PLANET (Jacques) . . 79
1554 PLANTIER (Jacques). . 33
1579 PLATET (Jean). . . . 40
1641 PLUVINAL (Pierre de) . 61
1605 POCHETI (Paul-Antoine) 47
1679 POINSARD (Jean-François) 86
1593 POITEVIN (Honoré de) . 43
1653 POITEVIN (Charles de) . 69
1681 POLASTRE (Jean de). . 87
1528 POLLY (Guillaume) . . 27
1531 POLLY (Jacques). . . 27
1639 POLTRET (François) . . 61
1611 POLTRETUS (Elie). . . 49
1570 PONCHINAT (Antoine) . 37
1402 PONE (François de) . . 18
1726 PONS (Pierre) 104
1747 PONS (Jean-Pierre) . . 111
1558 PONTAN (Pierre) . . . 35
1662 PONTE (Jean-François de) 74
? POPULO (Barthélemy de) 14
1602 PORCELET (Jean). . . 46
1628 PORCELET (Antoine de) 56
1631 PORCELET (Pierre de) . 57
1577 PORCELLAT (Pierre) . . 38
1519 PORRETI (Mathieu) . . 25
1610 PORTALIS (Valentin) . 48
1628 PORTAVIER (Claude). . 56
1529 PORTIDE (Philibert de). 27
1588 PORTIER (Jean) . . . 42
1554 PORTIUS (Jean-Michel). 33

1681 POULLE (François) . . 87
1691 POULLE (Claude-Ignace) 92
1720 POULLE (Joseph) . . . 101
1723 POULLE (Louis) . . . 102
1760 POULLE (Ignace-Dominique de). 115
1778 POULLE (François-Agricol). 120
1778 POULLE (Benoît-Jean-André) 120
1655 POUMET (François) . . 70
1555 POUSSEVIN (Fabrice). . 33
1556 POYER (Pierre) . . . 34
1686 POYOL (Thomas de). . 89
1719 POYOL (Dominique). . 101
1761 POYOL (Claude-Hyacinthe) 115
1680 PRADAN (Antoine) . . 86
1448 PREMACO (François de). 21
1690 PREVOST (Joseph) . . 92
1671 PRISIC DE LA FOULQUETTE (Joseph de) . 80
1642 PRISIS (André de) . . 62
1674 PRISY François de) . . 83
1655 PRIVAT (Amat) . . . 70
1662 PRIVAT (Antoine) . . 74
1723 PROAL (César). . . . 103
1570 PROPE (Claude de) . . 37
1620 PROSIN (Pierre-Gérard de) 52
1551 PROVENÇAL (Boniface) . 32
1689 PROVENÇAL (Esprit). . 91
1726 PROVENÇAL (Pierre-Joseph) 103
1741 PROYET (Jean-Joseph-François). 107
1555 PUEIVOLI (Louis). . . 33
1584 PUEYREL (Charles) . . 41
1529 PUGET (Jean de) . . . 27
1541 PUGET (Jean) 30
1627 PUGET (Louis de). . . 55
1564 PUPUS (Gabriel) . . . 36
1639 PUSQUE (Pierre-François) 61
1642 PUSQUE (André) . . . 62
1690 PUSQUE (Henri) . . . 73
1673 PUSQUE (Jean-François) 82
1630 PUSQUE (Pierre) . . . 92
1728 PUSQUE (Jean-François-Joseph) 104
1425 PUTATORIS (Jean) . . 20
1557 PUTODUS (Claude) . . 34
1732 PUY (François-Virgile-Hyacinthe) 105

Q

1667 QUAIRANNE (André). . 77
1611 QUEYSSOLI (François) . 49
1684 QUINSON (André). . . 89

R

1539 RABASSE (Jacques) . . 30
1541 RABASSE (Esprit). . . 30
1554 RABAUDI (Jean) . . . 33
1683 RAFFELIS (Jean-François de) 88
1595 RAIMOND (Paul) . . . 44
1545 RAMBAUD (Gaspard) . 30
1664 RAMBAUD (Augustin) . 75
1686 RAMPAL (Jean-Baptiste) 90
1403 RANCURELLI (Boniface). 19
1584 RAOULX (Jean). . . . 41
1619 RAOULX (Jean-François) 52
1650 RAOULX (Pierre) . . . 66
1667 RAOULX (Gilles de) . . 77
1735 RAOULX (Joseph-Charles) 105
1579 RAOUSSET (Charles) . . 40
1653 RAOUSSET (Simon de) . 69
1639 RAOUX (René de) . . . 61
1682 RAOUX (Pierre) . . . 87
1526 RAPET (Mathieu). . . 26
1383 RAPHAELIS (Bertrand) . 17

1776 RAPHEL (Jean-Joseph-Claude-Vincent) . . 119
1787 RAPHEL (Louis-Alexis). 122
? RASCAS (Bernard de) . 15
1651 RASPAUD (Claude) . . 68
1596 RASTELLIS (Alexandre de) 44
1543 RATHE (Aimé). . . . 30
1420 RAVANELLI (Guillaume) 10
1425 RAVANELLI (Boniface). 10
1576 RAVANELLI (Jean) . . 38
1653 RAVINET (Remi-François de) 69
1453 RAYER (Guillaume) . . 21
1470 RAYER (Guillaume) . . 23
1569 RAYMOND (Antoine) . . 37
1569 RAYMOND (Jean) . . . 37
1674 RAYMOND (Veran) . . 83
1620 RAYMONIS (Antoine). . 52
1787 RAYNARD (Jean-Baptiste-Vincent) 122
1637 RAYNAUD (Marc-Antoine) 60
1654 RAYNAUD (Pierre) . . 70
1666 RAYNAUD (Jean) . . . 77
1687 RAYNAUD (Sébastien) . 90
1695 RAYNAUD (Joseph) . . 94
1632 RAYNAUDI (Christophe) 57
1677 RAYNAULT (Juste-Ignace) 84
1609 RAYSSE (Guillaume) . 48
1615 RAYSSE (Gaspard) . . 50
1636 RAYSSE (Octavien) . . 60
1641 RAYSSE (Jean-Charles). 62
1643 RAYSSE (François-Marie de). 63
1673 RAYSSONI (Alexandre) . 82
1492 RAZAUDY (Nicolas) . . 24
1607 RAZETI (Imbert) . . . 47
1609 REBATU (François) . . 48
1593 REBELLI (Mathias) . . 44
1708 REBOULET (Simon) . . 98
1748 REBOULET (Ignace-Gabriel-Marie) 112
1632 REBUTI (Jean-François) 57
1553 RECOURS (Jean) . . . 32
1663 REGIS (François). . . 74
1650 REILLANE (Jean de) . . 66
1738 REIMON (Philibert de) . 106
1677 REIROLES (Jean-Baptiste de) 84
1738 REIROLES (Nicolas de) . 106
1567 REMUSAC (Jean de). . 36
1604 RENAUDI (Jean) . . . 46
1680 RENAULT (Charles-Hyacinthe). 87
1585 RENIS (Peregrin de). . 42
1402 RENOARDIS (Jean de) . 18
1498 RENOARDY (Pierre) . . 24
1557 RENZO (Bernardin) . . 35
1537 REQUIRES (Honoré) . . 28
1391 RESPONDI (Andreas). . 17
1673 RESSOUCHE (Jean-Antoine de) 82
1564 RETARD (François) . . 36
1537 RETORI (Jean). . . . 28
1656 REVEL (Jacques) . . . 71
1474 REY (Guillaume) . . . 23
1653 REY (Hercule-Marie) . 69
1703 REY (Benoit-Denis) . . 97
1753 REY (Jean-Antoine) . . 113
1778 REY-DUBARON (Charles-François - Augustin de) 120
1777 REYNAUD (Joseph) . . 119
1605 RHODES (Pompée de) . 47
1656 RHODES (François de) . 71
1663 RHODES (Louis-François de) 74
1704 RHODES (Jean-Baptiste-Robert de) 97
1708 RHODES (Balthazar de) 98
1587 RIBÈRE (Henri) . . . 42
1597 RIBÈRE (Paul). . . . 44

1626 Ribère (Henri) . . . 54
1628 Ribère (Michel) . . . 55
1639 Ribère (Louis) . . . 61
1665 Ribère (Joseph-Marie de) . . . 76
1666 Ribère (Gabriel de) . . 77
1668 Ribère (François) . . 78
1645 Ribert (François) . . 64
1557 Ribiers (Barthélemy de) . . . 34
1585 Ribiers (Arnaud de) . 42
1603 Ribiers (Esprit de) . . 46
1639 Ribiers (Sébastien de). 61
1668 Ribiers (Pierre-François de) . . . 78
1689 Ribiers (Joseph de) . 91
1709 Ribiers (Esprit-Véran de) . . . 98
1728 Ribiers (Joseph de). . 104
1734 Ribiers (Louis-Alphonse de) . . . 105
1742 Ribiers (Jacques-Nicolas de). . . 108
1616 Ribot (Honoré) . . . 51
1720 Ribouton (Joseph-Etienne) . . . 102
1649 Ricard (François) . . 66
1689 Ricard (Jean-Jacques). 91
1713 Ricard (Denis) . . . 99
1735 Ricard (Dominique-Joseph) . . . 105
1631 Ricaud (Henri) . . . 57
1640 Ricaud (Jean). . . . 61
1528 Ricci (Pierre) 27
1601 Ricci (Alexandre) . . 46
1759 Ricci (Ange-Joseph-Marie). . . 115
1487 Riccy (Guillaume) . . 23
1739 Richard (Jérôme-Joseph-Jean-Baptiste) . 107
1559 Richier (Jean) . . . 35
1425 Rich (Jourdain) . . . 19
1461 Richs (Guillermus de). 22
1490 Richs (Stephanus) . . 24
1589 Riconi (André) . . . 43
1690 Rieu (Louis du) . . . 92
1695 Rieux (Antoine des) . 94
1634 Riffard (André de). . 58
1731 Rigaud (Joseph) . . . 104
1690 Rigoine (François-Louis). . . 92
1508 Ripa (Joannes de) . . 25
1518 Ripa (de) 25
1533 Ripa (François de) . . 28
1567 Ripa (Girard de St-Nazaire de). . . 36
1626 Ripa (Jérôme-Sannazar de) . . . 54
1619 Ripert (Jean). . . . 52
1642 Ripert (François) . . 62
1660 Rippert (Charles-François). . . 73
1550 Ripti (Jean) 31
1539 Riquerius (Barthélemy) 30
1669 Rival (Claude) . . . 79
1706 Rivasse (Raimond-Ignace) . . . 97
1653 Rives (Louis de) . . . 69
1569 Rivettes (Guignes). . 37
1568 Roaix (Guillaume de) . 37
? Roati (Guillermus). . 15
1646 Roayx (Jean de). . . 64
1558 Robert (Jean). . . . 35
1604 Robert (Gilles) . . . 47
1606 Robert (Rodolphe) . 47
1609 Robert (Arnaud). . . 48
1627 Robert (Henri) . . . 55
1637 Robert (Jean-Rogier) . 60
1643 Robert (Pierre) . . . 63
1652 Robert (Jacques-Honoré) . . . 69
1665 Robert (Louis de) . . 76
1679 Robert (Jean-Jérôme). 85
1690 Robert (François) . . 92

1557 Roberti (Jean) . . . 34
1603 Roberti (Gilles) . . . 46
1633 Roberti (François) . . 58
1674 Roberty (Charles-Georges) 83
1699 Roberty (Antoine-Joseph) 96
1614 Robie (Guillaume de) . 50
1634 Robie (Honoré) . . . 58
1646 Robin (Paul) 64
1670 Robin (Pierre de). . . 80
1713 Robin (François). . . 99
1649 Robins (Paul-Antoine de) 66
1661 Roc (Jean de) 73
1481 Rocella (Guillermus de) 23
1539 Rochati (Pierre). . . 30
1676 Roche (Pierre) . . . 84
1758 Rochemaure (Jacques de) 115
1670 Rocher (Esprit) . . . 80
1559 Rochette (Claude) . . 35
1560 Rochette (Gui) . . . 35
1611 Rodes (Jean de) . . . 49
1690 Rodil (Véran) . . . 92
1551 Rodolphe (Simon) . . 32
? Rodulphi (Pierre) . . 15
1398 Rodulphi (Pierre) . . 18
1534 Rodulphi (Thomas). . 28
1567 Rodulphi (Philippe). . 36
1542 Roger (Louis). . . . 30
1526 Rogier (Jean-Louis) . 26
1383 Rognes (Jacques de) . 17
1450 Roland (Antoine) . . 22
1493 Roland (Nicolas) . . 24
1493 Roland (Olivier). . . 24
1501 Roland (Étienne) . . 24
1503 Roland (Nicolas). . . 25
1532 Roland (Antoine) . . 27
1537 Roland (Joachim) . . 28
1541 Roland (François) . . 30
1401 Rolandi (Rodulphe) . 18
1657 Roleri (Alexandre). . 71
1723 Rolery (Jean-Charles de) 103
1584 Rolland (Jean de) . . 42
1623 Rolland (Hubert) . . 53
1748 Rolland (Joseph-Guillaume). 112
1778 Rolland (Joseph-François-Xavier). . . . 120
1608 Romain (René) . . . 48
1777 Romanin (Jacques-François). 119
1580 Romei (François) . . 41
1761 Romette (Joannes) . . 115
1553 Romi (Lantelme de) . . 33
1653 Romieu (Louis de) . . 69
1655 Romieu (Paul-Antoine de) 70
1664 Romieu (Jean) . . . 75
1783 Romillon (Joseph-François). 121
1662 Rondache (Jean-André) 74
1685 Rondache (Michel) . . 89
1734 Roque (Jean-Joseph) . 105
1400 Rosergio 18
1691 Rosier (Jean) 92
1568 Rossardi (Jean) . . . 36
1522 Rossati (Claude). . . 26
1553 Rosseti (Michel) . . . 32
1558 Rosseti (Jacques) . . 35
1611 Rostagni (Pierre) . . 49
1557 Rostagnier (Jean) . . 34
1650 Rostagny (Jean). . . 66
1652 Rostagny (Pierre-Jean de) 69
1681 Rostagny (François-Ferdinand) 87
1674 Rostan (Véran). . . . 82
1708 Rostan (Jean-Claude) . 98
1644 Rostani (Ange de) . . 64
1554 Rotta (Jean-Philippe). 33

1667 Rotta (Charles de) . . 77
1556 Rothacius (Silve) . . 34
1764 Roubaud (Pierre-Ignace) 116
1653 Roubie (Jean de) . . 69
1740 Rougnon (Alexis-Joseph) 107
1736 Roumillon (Louis-Gabriel) 106
1496 Roure (Clément du) . 24
1611 Roure (Jean-André du) 49
1621 Roure (Jérôme du) . . 52
1630 Roure (Denis du) . . 56
1661 Roure (Joseph du) . . 73
1696 Roure (Paul-Antoine du) 95
1738 Roure (Antoine du). . 106
1683 Rousier (Antoine) . . 88
1554 Roussardi (Jean) . . 33
1539 Rousset (Etienne) . . 30
1640 Rousset (Antoine) . . 61
1656 Rousset d'Arquier (François-Marie) . . 70
1660 Rousset (Esprit-Marie) 73
1704 Rousset d'Arquier (Louis-Henri) . . . 115
1760 Rousset (André-Antoine) 97
1576 Rouvière (Jean de La) 38
1605 Rouvière (Jean de). . 47
1611 Rouvillian (Jean-Louis de) 49
1631 Roux (Balthazar) . . 57
1658 Roux (Pierre). . . . 71
1698 Roux (Balthazar) . . 93
1784 Roux (Jean-César-Irénée) 121
1692 Rouyère (Joseph-Dominique) 93
1679 Roy (Joseph-Gabriel) . 85
1593 Royer (Georges). . . 44
1647 Royer (Jean-Baptiste). 65
1697 Royer (Louis). . . . 95
1706 Royère (Jean-Joseph) . 97
1666 Rozier de Mazoyer (Arnulphe du) . . . 76
1653 Ruchet (François) . . 69
1592 Rue (Louis) 43
1711 Ruel (Louis) 99
1723 Ruel (Joseph-Louis) . 103
1524 Ruffi (Jean de) . . . 26
1600 Ruffi (François). . . 45
1631 Ruffi (Louis) 57
1649 Ruffi (Antoine) . . . 66
1658 Ruffi (François). . . 71
1553 Ruffus (Pierre) . . . 32
1624 Ruffus (Pierre) . . . 53
1401 Ruffy (Joannes). . . 18
1673 Ruffy (Balthazar-Frédéric) 82
1402 Ruplon (Jean) . . . 18
1495 Ruspo (Hugolin de). . 24
1586 Russatus (Michel) . . 42

S

1576 Sabatier (Richard). . 38
1616 Sabatier (François de) 51
1629 Sabatier (Esprit de) . 56
1649 Sabatier (Jean) . . . 66
1543 Saberan (François). . 30
1578 Sabeyran (Pierre) . . 40
1696 Sabran (Elzéar de) . . 95
1303 Sade (Jean de) . . . 13
1402 Sade (Jean de) . . . 18
1402 Sade (Pierre de) . . . 18
1402 Sade (Paul de) . . . 18
1436 Sade (Pons de) . . . 20
1520 Sade (Joachim de) . . 26
1549 Sade (Jean de) . . . 31
1626 Sade (Richard de) . . 55
1583 Sadolet (Paul) . . . 41
1606 Sagnet (Alexandre) . 47
1606 Sagnier (Germain) . . 47

1550 SAINT-GENIÈS (François de) 31
1590 SAINT-GENIÈS (Honoré de) 43
1626 SAINT-GENIÈS (Jean de) 54
1555 SAINT-JACQUES (Balthazar de) 34
1606 SAINT-JACQUES (Etienne de) 47
1566 SAINT-MARC (François de) 36
1573 SAINT-MARC (Honoré de) 33
1566 SAINT-MARTIN (Ange de) 36
1781 SAINT-MAURICE (François-Marie-Clément de) 121
1523 SAINT-NOTOIRE (Antoine de) 26
1559 SAINT-ROMAN (Arius) . 35
1486 SAINT-SIXTE (Michel de) 23
1595 SAINT-SIXTE (Charles de) 44
1398 SAINTE-CROIX (Pierre de) 17
1612 SAINTE-CROIX (Jean de) 49
1680 SAINTE-MARIE (Joseph de) 86
1625 SAISSY (Honoré) . . . 54
1654 SALADIN (Simon) . . 69
1740 SALAMON (François-Aimé) 107
1766 SALAMON (Alphonse-Laurent-Antoine) . 117
1776 SALAMON (Louis-Siffrin-Joseph) 119
1670 SALCON (Antoine) . . 79
1597 SALETE (Jean) . . . 45
1628 SALETTE (Joseph) . . 56
1550 SALIAN (Jean). . . . 32
1639 SALIÈRE (Loup) . . . 61
1671 SALIÈRE (Elzéar) . . . 80
1700 SALIÈRES DE FOSSERAN (Charles de) 96
1702 SALIÈRES DE FOSSERAN (Loup-Paul de) . . 96
1638 SALIS (Antoine) . . . 60
1738 SALIS (Pierre-Amédée) 106
1561 SALLA (Augustin) . . 35
1571 SALLE (Louis de La) . 37
1733 SALLE (Jean-Esprit-Thomas de La) . . 105
1608 SALLIÈRES (Elzéar de) 48
1402 SALUCCES (Pierre de) . 18
1600 SALVADOR (Pierre-Joseph) 45
1634 SALVADOR (Jean-François) 58
1656 SALVADOR (Paul de) . 71
1668 SALVADOR (Paul-François de) 78
1686 SALVADOR (Joseph-François de) . . . 90
1695 SALVADOR (Claude de) 94
1628 SALVAN (François de) 56
1646 SALVAN (Alexandre de) 64
1541 SALVATI (Guillaume) . 30
1590 SALVATORIS (Jean-François) 43
1558 SANGLIÈS (Paul) . . . 35
1449 SANSARGO (Arnaud-Guillaume de) . . . 21
1641 SANTILBERRA (Jean-Baptiste) 62
1643 SAPPINI (Jean-Baptiste) 63
1642 SARDE (Louis) . . . 62
1569 SARPILLON (Guillaume) 37
1598 SARPILLON (Honoré) . 45
1598 SARPILLON (Gilles) . 45
1630 SARPILLON (Denis) . 56
1630 SARPILLON (Georges) . 56
1658 SARPILLON DU ROURE (Alexandre de) . . . 71

1678 Sarragon (Etienne-Thomas) 84
1616 Saudrau (Pierre) . . 51
1578 Saunier (Louis) . . . 40
1513 Saurin (Boniface) . . 25
1539 Saurin (François) . . 30
1545 Saurin (Antoine) . . 30
1556 Saurin (Jean). . . . 34
1653 Saurin (Abel) . . . 69
1557 Sauteri (Pierre) . . . 34
1616 Sauvage (Antoine) . 51
1642 Sauvaty (Guillaume) . 62
1531 Sauxius (Martin) . . 27
1616 Savin (Jean) 51
1617 Savin (Joseph) . . . 51
1665 Savin (Joseph-Marie). . 76
1670 Savin (Thomas) . . . 80
1647 Saxi (Pierre-Louis). . 65
1632 Saxis (Pierre). . . . 57
1619 Saxy (Pierre) 52
1576 Scopta (Trivulce) . . 38
1455 Scuteri (Jean-Pierre) . 21
1587 Seguins (Roger des). . 42
1591 Seguins (Gabriel des) . 43
1613 Seguins (Nicolas des) . 50
1634 Seguins (Jean-Barnier des). 58
? Segureto (Petrus de). 15
1657 Seignoret (François de) 71
1669 Senebier (Joseph) . . 79
1665 Sengla (François) . . 76
1491 Serachano (Gaspardus de) 22
1763 Serene (Fabio-Jean) . 116
1570 Sermetti (Barthélemy). 37
1555 Serre (Barthélemy). . 33
1590 Serre (Guillaume). . 43
1593 Serre (Richard). . . 44
1608 Serre (François). . . 48
1650 Serre (Antoine de). . 67
1675 Serre de la Roque (Charles-Félix de). . 83
1677 Serre (Pierre). . . . 84
1745 Serre (Pierre-Etienne de La). 110
1781 Serre de Fondouce (Joseph-François de La). 120
1678 Serrier (Trophime). . 85
1638 Servan (Charles de). . 60
1673 Servan (Jean-Baptiste de) 82
1591 Sestius (Barthélemy). 43
1649 Sevene (Jean). . . . 66
1624 Seyne (Pierre). . . . 54
1785 Seyssau (François) . . 122
1597 Seytres (Henri de). . 45
1656 Sibille (François-Siffrein de) 70
1670 Sibille (Jean). . . . 79
1617 Sibour (Etienne). . . 51
1649 Sibour (May) 66
1742 Sibour (Joseph-Antoine) 108
1753 Sibour (Jean-Joseph-François de). . . . 113
1789 Sibour (Jean-Baptiste-Joseph de). 122
1650 Sibourd (Jean-Baptiste) 67
1655 Sibourd (François). . 70
1718 Sibourd (Jean-François) 101
1578 Sicardi (Guillaume) . 40
1682 Siccard (Jacques) . . 88
1610 Siffredi (Joseph) . . 49
1631 Siffredi (Elzéar). . . 57
1640 Siffredi (Pierre-Joseph) 61
1654 Siffredi (Hector-Henri). 70
1691 Siffredy-Mornas (Jean-Joseph de) . . 92
1580 Signoni (Melchior) . . 41
1569 Sigoyer (Mathieu) . . 37

1694 SILIO (Pierre). . . . 94
1555 SILLANES (François). . 34
1612 SILLANS (Gaspard de) . 50
1647 SILVECANE (Henri de). 65
1606 SILVESTRE (Jean). . . 47
1613 SILVESTRE (Antoine). . 50
1634 SILVESTRE (Jacques). . 58
1553 SILVI (Henri) 33
1633 SILVI (Guillaume) . . 57
1566 SIMEONI (André). . . 36
1745 SIMOND (Jean-Hugues). 111
1697 SIMONNET (Zacharie) . 95
1570 SINETTY (Gaspard) . . 37
1601 SINETTY (Jean-Baptiste) 45
1631 SINETTY (François) . . 57
1547 SISSOINE (André) . . . 30
1578 SISSOINE (Sébastien de). 40
1585 SISSOINE (André) . . . 42
1614 SISSOYNE (Pierre de). . 50
1619 SOARRAS (Sébastien). . 52
1623 SOBIRAS (Esprit de) . . 53
1540 SOBIRATS (François de). 30
1561 SOBIRATZ (François). . 36
1573 SOCHETI (Jean). . . . 38
1549 SOLES (Melchior de). . 31
1425 SORNARDI (Pierre) . . 20
1590 SOUBIRAS (Pierre de). . 43
1457 SPIEFANY (Balthazar) . 21
1723 SPINARDY (Esprit-François-Gabriel) . . . 102
1757 SPINARDY (Joachim-André-François) . . . 114
1758 SPINARDY (Jean-Pierre-Michel) 114
1533 SUARÈS (Alphonse) . . 28
1573 SUARÈS (Jean). . . . 38
1580 SUARÈS (François) . . 41
1584 SUARÈS (Joseph) . . . 41
1593 SUARÈS (Louis) . . . 44
1597 SUARÈS (Henri de) . . 44
1618 SUARÈS (Joseph-Marie de) 51
1626 SUARÈS (François) . . 55
1630 SUARÈS (Louis-Marie de) 56
1633 SUARÈS (Henri) . . . 57
1637 SUARÈS (Charles-Joseph) 60
1659 SUARÈS (François-Quénin de) 72
1661 SUARÈS (Louis-Alphonse de) 73
1554 SUARIIS (Joseph de) . . 33
1597 SUFFREN (Palamède) . 44
1603 SUFFREN (Jean-Baptiste) 46
1556 SURDIUS (Louis) . . . 34
1672 SURREL (Noël). . . . 82
1597 SYLVESTRE (Claude) . . 45
1620 SYLVESTRE (Simon). . 52
1637 SYLVESTRE (François) . 60

T

1601 TACHE (Antoine) . . . 46
1636 TACHE (François). . . 59
1662 TACHE (Marc-Antoine de) 74
1667 TACHE (Jean-François). 77
1667 TACHE (Louis de) . . 77
1680 TACHE (Michel-Ignace de) 86
1690 TACHE (Dominique de). 91
1632 TACOT (Pierre-Jean). . 57
1448 TALON (Raymond) . . 21
1622 TAMBARD (Sigismond). 53
1635 TAON (Jean-Etienne) . 59
1653 TARADEAU (Louis de) . 69
1777 TARDIEU DU COLOMBIER (Jacques-François-Xavier) 119
1585 TARDIF (Horace). . . 42
1553 TARDIN (Jean). . . . 33
1683 TARDITY (Jacques) . . 88
1652 TARLET (Antoine) . . 68

1527 Tartulle (Nicolas). . 27
1474 Tartully (Etienne). . 23
1692 Taton (Paul-Joseph) . 93
1508 Taulery (Jacobus) . . 25
1566 Taumagne (Jacques) . 36
1633 Taval (Antoine) . . . 58
1570 Taxis (Jean-Baptiste) . 37
1558 Teclus (Bernard) . . 35
? Tegrini (Henriquettus) 16
1388 Tegrini (Georgius) . . 17
1618 Teissier (Marc-Antoine) 52
1690 Tessier (Jean-Louis) . 91
1749 Tellus (Ignace-Marie) 112
1757 Tellus (Antoine-Louis) 114
1727 Tempier (Charles-François) 104
1766 Tempier (Jean-André) 117
1789 Tempier (Elzéar-Agricol-Casimir) . . . 123
1631 Terrin (Callixte) . . 57
1646 Tertulle (Hector-Ignace de) 64
1596 Teste (Catelin) . . . 44
1611 Teste (Gabriel) . . . 49
1639 Teste (Claude) . . . 61
1655 Teste (Joseph) . . . 70
1678 Teste (Gabriel-Guillaume de) 85
1718 Teste (Joseph) . . . 100
1741 Teste (François-Joseph) 108
1741 Teste (Guillaume-François) 108
1764 Teste-Venasque (Joseph-Gabriel) . . . 116
1764 Teste (Antoine-Joseph-Augustin) 116
1789 Teste (Joseph-Louis-César de). 123
? Testore (Pierre). . . 14
1558 Textoris (Pierre) . . 35
1562 Textoris (Louis) . . 36
1560 Teydet (Gaspard) . . 35
1726 Teyssier (Thomas de) 103
1603 Thevenet (Jean) . . 46
1628 Thevenet (Jean) . . 55
1575 Thomas (Honoré) . . 38
1615 Thomas (Jean) . . . 50
1653 Thomas (François de) . 69
1662 Thomas (Raymond) . 74
1667 Thomas (Alphonse) . 77
1714 Thomas (Joseph) . . 100
1723 Thomas (Jean) . . . 102
1604 Thomassi (Alexandre) . 46
1656 Thomassi (André) . . 70
1630 Thomassin (François de) 56
1461 Thomassis (Laurentius) 22
1645 Thomassis (François de) 64
1670 Thomassis (Denis-Marie de) 85
1435 Thomé (Pierre) . . . 20
1515 Thoulier (Jacques) . 25
1643 Thoyre (Georges de) . 63
1754 Tibaud (Joseph). . . 113
1784 Tibaud (Antoine-Esprit) 121
1612 Tillard (François) . 49
1623 Tillia (Esprit de) . . 53
1631 Tillia (Esprit de) . . 57
1661 Tiloy (Louis) 73
1642 Tiollier (Guillaume-Philibert) 62
1612 Tison (Jean-Arnaud) . 49
1772 Tissot (Denis-Barthélemy) 117
1782 Tissot (Louis-Guillaume) 121
1579 Todaniani (Jean) . . 40
1650 Tolomas (Jean-Raymond) 66
1677 Tolomas (Esprit-Gabriel) 84

1718 Tolomas (Joseph-Ignace-Alexandre) . 101
1719 Tondut (Antoine) . . 101
1543 Tonduti (Georges) . . 30
1571 Tonduti (Raimond). . 37
1579 Tonduti (Pierre) . . . 40
1601 Tonduti (Pierre-François) 45
1601 Tonduti (Jean-Baptiste) 45
1606 Tonduti (Gilles) . . . 47
1608 Tonduti (Antoine) . . 48
1610 Tonduti (Pierre-Pélegrin). 48
1620 Tonduti (Elzéar). . . 52
1639 Tonduti (Melchior). . 61
1641 Tonduti (Pélegrin). . 62
1641 Tonduti (Thomas) . . 62
1656 Tonduti (Pierre-Pélegrin). 70
1619 Topis (Georges) . . . 52
1624 Torce (Pierre) . . . 54
1652 Tordoni (François). . 68
1450 Tourette (Jean de). . 21
1686 Tournay (Jean-Joseph) 89
1672 Tournet (Pierre). . . 82
1582 Touron (Jean de) . . 41
1558 Tourreau (Pierre) . . 35
1644 Tourreau (Paul-François). 63
1737 Tourreau (François-Benoît de) 186
1435 Tourrètes(Georges de) 20
1586 Tourvel (François). . 42
1752 Tramier (Jean-Joseph-Antoine) 113
1592 Tremond (Elien). . . 43
1664 Tressemanes (André de). 75
1662 Trichet (Joseph) . . 74
1700 Trichet (François-Sébastien) 97
1741 Trichet (Louis-Joseph-Amant-Ignace). . . 108
1425 Trinquerii (Pons) . . 19
1608 Trinquier (Bertrand) . 48
1748 Tronc-Bouchony (Honoré-Joseph) . . . 112
1750 Tronc (Joseph-Ignace-Xavier) 112
1398 Tronchin (Antoine). . 18
1652 Troupel (Jacques) . . 68
1632 Truc (Alexandre) . . 57
1668 Truc(Jean-François de) 78
1683 Truchet (Jean-François) 88
1670 Tuarchet (Charles-François) 79
1551 Tulle (Julien de) . . 32
1553 Tulle (Jean de) . . . 32
1595 Tulle (Pierre de) . . 44
1623 Tulle (Pierre de) . . 53
1649 Tulle (Pierre de) . . 66
1672 Tulle (François de) . 81
1679 Tulle (Pierre de) . . 86
1679 Tulle (Philippe de) . 86
1467 Tullia (Pierre de) . . 22
1583 Turelli (Georges) . . 41
1554 Turret (Barthélemy) . 33

U

1633 Ubaldini (Emmanuel). 57
1455 Urini (Jean) 21
1600 Uzès (André d') . . . 45

V

1665 Vaccon (Antoine de) . 76
1693 Vachier (Jacques) . . 93
1598 Valauris (Charles) . . 45
1622 Valbelle (Antoine de) 53
1580 Valence (Charles de) 40
1628 Valence (François de) 56

1578 Valetani (Raymond) . 40
1565 Valentiani (Antoine) . 36
1589 Valette (Jean) . . . 42
1650 Valerian (André) . . 67
1691 Valladier (Thomas) . 92
1657 Valle (Jean de) . . . 71
1622 Vallette (Jean). . . 53
1626 Vallier (Pierre). . . 55
1641 Vallier (Claude) . . 62
1522 Valne (Robert) . . . 26
1741 Valoris (Denis-François-Régis) 108
1501 Valserre (Charles). . 24
1698 Vany (Pierre-Benoit) . 95
1558 Varadier (Pierre de) . 35
1627 Varie (Pierre de). . . 55
1643 Varin (Jean-Baptiste). 63
1643 Varin (Charles-François de) 63
1678 Varin (Antoine-Bonaventure) 84
1651 Vassoux (François de). 68
1652 Vassoux (Alexandre-Joseph de) 68
1303 Vaubonne (Bernard de) 13
1639 Vaudène (Paul-Antoine de) 61
1666 Vaux (Laurent de) . . 76
1503 Vaysoni (Honoré) . . 25
1578 Vectier (Pierre) . . . 40
1597 Vedeau (Barthélemy) . 44
1631 Vedeau (Gabriel). . . 57
1658 Vedrille (Gilles de). . 71
1708 Vedrille (Jérôme) . . 98
1597 Veran (Guillaume) . . 44
1736 Veras (Gabriel de) . . 105
1774 Verger (Joseph-Marie) 118
1577 Vernet (Siméon). . . 39
1657 Vernet (François) . . 71
1667 Vernet (Jean-François) 77
1732 Vernety (Ignace-Joseph) 105
1557 Verot (Jean) 34
1635 Verot (Paul-Charles de) 59
1665 Verot (Jacques de) . . 76
1557 Veroti (Antoine). . . 35
1636 Vervins (Claude de) . 59
1667 Vervins (Pierre de) . . 77
1675 Vervins (César de) . . 83
1678 Vervins (Louis-Esprit de) 85
1615 Very (Jérôme de) . . 51
1671 Very (Jean-Jérôme de). 80
1740 Veye (Paul-Joseph). . 112
1648 Veyrier (François-Fulgence) 63
1615 Via (Antoine de) . . . 50
1607 Vias (Balthazar de). . 48
1646 Vias (Balthazar de). . 64
1661 Viau (Guillaume) . . 74
1704 Viau (Louis-Joseph) . 97
1718 Viau (Georges-Dominique). 101
1720 Viau (Pierre) 101
1736 Viau (Gabriel). . . . 106
1592 Vic (François de). . . 43
1572 Vidal (Jean) 38
1580 Vidal (Marc-Antoine) . 40
1769 Vidal (Honoré-Marie-Louis). 117
1769 Vidal (Antoine) . . . 117
1679 Vieille (Jean-François) 86
1745 Viens (Joseph-Elzéar). 111
1610 Vigier (Jacques) . . . 49
1579 Villardi (Jacques). . 40
1623 Villardi (Jean) . . . 53
1789 Villart (Ignace-François-Xavier) 123
1650 Ville (Charles-Emmanuel de) 66
1697 Ville (Nicolas de) . . 95
1613 Villeneuve (Honoré de) 50
1662 Villeneuve (Claude de) 74

1692 Villeneuve (Jean-François de). . . . 93
1652 Villy (Honoré) . . . 68
1736 Vinay (Gabriel) . . . 106
1779 Vinay (Pierre-Claude) . . 120
1785 Vinay (Pierre-Marie-Gabriel-Michel) . . 122
1541 Vincens (Charles) . . 30
1636 Vincens de Propiac (Joseph de) 59
1644 Vincens (Maurice) . . 63
1566 Vincent (François). . 36
1566 Vincent (François). . 36
1602 Vincent (Antoine) . . 46
1619 Vincent (Balthazar de). 52
1619 Vincent (Gaspard de). 52
1659 Vincent (Jean de) . . 72
1663 Vincent (Antoine) . . 75
1778 Vincenti (Jean-François). 120
1536 Vinsaude (Jean de). . 28
1645 Violen (Jean). . . . 64
1646 Virolles (Henri de). . 64
1425 Virron (Antoine). . . 19
1541 Vitalis (Jean-Ponce) . 30
1704 Vitalis (Dominique) . 97
1724 Vitalis (Esprit-Joseph) 103
1737 Vitalis (Crépin-Joseph) 106
1745 Vitalis (Emmanuel-Joseph) 111
1639 Vivet (Louis). . . . 61
1645 Vivet (Pierre). . . . 64
1662 Vivet (Paul-Antoine) . 74
1548 Viviers (Antoine) . . 31
1551 Votte (Jean de) . . . 32
1641 Voulan (Jean). . . . 62
1636 Vouland (Pierre). . . 59
1618 Vullet (Humbert) . . 52

Y

1717 Yveriac (Joseph-Jean). . 100

ERRATA

Page 37. — 1re colonne, année 1570 : Au lieu de *Ponchinat* (Antoine) lire PENCHINAT (Antoine).

Page 49. — 1re colonne, année 1611 : Au lieu de *Raire* (Jean-André du) lire ROURE (Jean-André du).

Page 50. — 1re colonne, année 1613 : Au lieu de *Miellet* (Esprit) lire MEILLET (Esprit).

Page 62. — 1re colonne, année 1641 : Au lieu de *Joussaud* (Louis de) lire JOSSAUD (Louis de).

Page 75. — 2e colonne, année 1664 : Au lieu de *Changuin* (Antoine-Chabert de) lire CHABERT DE CHANGUIN (Antoine).

Page 86. — 2e colonne, année 1680 : Au lieu de *Mallère* (Gaspard) lire NALLÈRE (Gaspard).

Page 96. — 1re colonne, année 1698 : Au lieu de *Crosel* (François-Joachim) lire CROZET (François-Joachim).

Page 97. — 2e colonne, année 1704 : Ajouter PÈTRE (Gaspart) DE SARRIAN, frère de Dominique. = R. 15 octobre.

Page 106. — 1re colonne, année 1738 : Au lieu de *Henoraty de Jonquerelles* lire HONORATY DE JONQUERETTES.

Page 108. — 2e colonne, année 1742 : Au lieu de *Bonneau de Crozet* lire BONEAU DE CROZET.